開發超能力。

心靈，也是一種科學。
讓超心理學家帶你找回潛能

石朝霖——著

目錄

第二部　念力 101

自序

所謂「超能力」或特異功能，實際上是人類的一種潛在能力。這個能力，人人皆有之，只是程度上的差異而已。它是通過大腦的精神意識而顯現出來的。

有人對於事物的預測或對方還沒開口就知道他的來意，或是常有「說曹操，曹操就來了」的經驗。甚至有些人，心正在想著那個人而正要打電話給他的時候，電話鈴響了，原來就是他打來的電話。這一類的事情在平時經常會發生在你、我身上，這就是潛在能力中的超能力。

可是，人類往往把這些事情當做或然率、巧合，而否定了自己的潛能。但是次數在達四次以上，有這種體驗及數據就不是巧合了。所以，「超能力」實際上沒有什麼「超」與「不超」，它本來就是潛伏在我們人體的一種能力，一點也不奇怪。只是人類受到了自創的文明、知障所影響而輕視了自己原有的能力。

筆者曾經在民國六十三年（西元一九七四年）首次以《靈力與超能神祕

嗎？》之書名，作了有關超能力之書後，經過了愛好這一方面研究者及多數讀者之共識與支持，再以多年事業研究者之心得，寫了這一本書。

筆者以專業、職業性的從事於這一方面的探討，仍然維持著實驗、實證科學的理念，在經典科學的基礎之下，進行研究。在科學盛行的今日，我們不能把心電感應停留在過去的心傳、天耳通、天眼通等，像這樣的抽象、玄玄虛虛的神祕字眼觀念裡，應該試著深入研究，進而如何把這些能力，應用在個人的事業、政經、國防上。

常常聽到或看到一些自稱有靈力的人，替人召喚已死去的親人顯現出來等等（實際上根本沒有出現）；也看到一些自稱神明附身的有靈力者，為人解厄；還有一些靈媒自吹可以叫高層次的神界的神明降臨等等一些術法，實在值得懷疑。我們在民主的國度裡，一個普通的市民要見見市長、省長，也要預約或事先經過約見之手續，因為大家都很忙，必須要經過事先的約定才行。那麼，那些高層次的神，豈能讓一個靈媒喚著來拂著去呢？實在太可笑了。

這些眼睛看不到、摸不著的東西，而只有當事人自行如同自我催眠式的去感覺，是不實際的。因它沒有證據，隨著那位術者，怎麼說、怎麼對，只是江湖而不科學。

應該以眼見為信為證。只是叫人自己去感受，那也只流於盲信而缺乏公信力，無法讓人心服口服的。

目前在美國、獨立國協（舊蘇聯）、歐洲等各大學都紛紛設置「超心理學系」而正式招生研究，對於超能力之研究已不再是神祕現象了。

精神意識是人腦的活動，人腦是物質的，那麼它的活動無疑是物質的一種運動形式。人腦可以用靈測儀來監測，這就表明意識活動是具有物質基礎。

它必定是有一定的客觀規律。科學應該按照實驗所提供的數據和事實，逐步去求答案，這樣才能闡明現代科學尚不能理解的現象，做出重大的理論發現。超能力的研究，必將深化人對自身的認識。但願本書能給讀者開拓視野，並受到讀者的共鳴。

第一部　超能力現象

1 六次元與超能力

學習精神統一，要訓練呼吸法、靜坐、注視法或自我催眠等多形式。但是我們必須先要認知能做為背景的世界觀及人生觀才行，要有正確觀念，始能開發優秀的能力，這個能力便是所謂的「超能力」。這個能力並非特殊的人才能擁有它，而是任何一個人都能開發出來的能力。

超能力絕非靈異、神怪、邪門，而是完全出自於人類本身自然的能力。認為超能力是迷信的那些唯物論者，或一些只重視科學的知識分子，及知障很深的學者們，常把超能力當作迷信來看，實際上，自己有這種主觀的看法才是真正的迷信。可是動不動即膜拜神佛、即認為一切都會順利的新唯心論者，也是迷信者。我個人，始終抱著排除一切迷信的態度，將物與心以最尖端科學觀念與哲學理念，依正確的世界觀和人生觀來研究觀察事物。

六次元世界

所謂六次元的世界是：第三次元的空間加上時間之次元，成為第四次元；接著加上「能量」成為五次元；再加上「意識」之次元，即第六次元。也就是空間和時間、能量與方向所融合的宇宙實相。

通常理論上，第一次元指的是我們所居住的空間的縱線，第二次元是橫線，高度為三次元，第四次元即指時間，那麼「能量」是第五次元，「意識」（方向）即第六次元。

牛頓的地心引力學說中，產生了若干問題而正值不能解開的時候，愛因斯坦發表了相對原理，而形成了近代科學的一支系統。

可是四次元的世界不是生物的肉眼所看得到的空間，也就是俗稱幽靈之世界。在過去的理念中，認為超能力或一些心靈現象，都來自於四次元的一種無形的力量。這些說法，嚴格追究起來，應該是否定的。四次元之幽靈界，只能表示無形的存在，而它沒有動力及意識（方向）。

因而，想談超能力或死後的「心」的問題，必須要延伸到六次元的空間。

物理學上的四次元空間所說的那些時間、空間都是無形的，對於肉眼所能看得到，有生命、物質的東西，都具有變化的作用，單提空間或時間來研究，是無意義的。在空間的三次元融合加上時間的一次元之後，才有它的意義。

現在假設房間內有一位美女。在一分鐘後，再度看到這一位美女，一分鐘後的女性和前面所看到的女性，實際上，已有不同的地方，因為在這時間中，可能有三十公里的變化差異，實際上，已經在接近老太婆的形態了，只是一時之間，以肉眼感覺不出來而已。現在所想到的事物和瞬間所想到的位置、事物，實際上都已經不是同樣的東西，而已成了別樣的事物了。

當我們的肉眼能察覺到有變化的時候，那個生命體或物質已變化的太多了。所以在三次元空間的生物等東西，隨著時間而變化。

前面談過四次元空間的原理。如果進一步深究，以科學的立場來看我們的身體，就知道肉體本是個物質、素粒子、電子、陽子，其中有微中子等計有三十多種以上的素粒子，依電磁波的形態，旋渦一樣地在繞圈。而在這極微空間之中，在極微的時間內，能量不斷地往復生滅。自己本身自由自在地在思考，這種意識還引出「意識」出來。也就是，意識去意識到「意識」出來。這個意識，能意識到「悟」的境界。

能把心集中至一點，統一精神，自己的生命不會被那肉體關閉，自由地融合於空間擴散，而感應到自己的朋友。

儘管距離遠，但能察覺動靜或目擊，把想的事物傳達給對方，會把病醫好；融合於時間，對於過去所發生的事，歷歷如繪地浮現在眼前；對於未來的命運可以事先了解，避開災禍或者轉霉運為幸運。

若達到了醒悟的境界，大自然界的萬象是宇宙生命的顯現，而現象中有宇宙生命，生命是現象，現象即生命，這也是「色即空，空即色」之哲理。因此，真正的實相是六次元世界。假使以電影做譬喻，六次元世界好比是底片，現世是螢幕上的映象。

靈魂的意義

要學習靈力或超能力，必須要先了解啟發靈力或超能力的根源，也就是最基本的原素，那就是靈魂。關於靈魂的存在，在世界上各宗教裡都有其獨特的看法，各宗教對於靈魂的解說，均受人重視。

在基督教及有神的哲學中皆認為，人死之後，他的靈魂仍繼續活動於空間，而自塑其原有的人格。在佛教，則有另一深刻之闡述，繫於輪迴定律，併論靈魂不滅之說法。其他如道教、回教、喇嘛教等，均有靈魂絕對存在的申論。

在遠古時代，一般人文科學尚未啟蒙的時候，對於人性的陶冶，擔負了最重要的教育作用，那即是藉宗教的諸項教諭，誘導人類向善之心，但同時也使一些人乘機樹立邪道之教規，使脆弱之人性，步上極端之信仰。不管是善是惡，其主要課程之一，乃認定靈魂之存在。不過，本章並不是專門談論宗教上之靈魂存在觀，撇開宗教方面的種種說法，就一般性來談一談對於靈魂的看法。

歐美各國有一些團體或大學的研究所等機構，分別正式開始研究靈。不管其道理何在，靈魂已被人類所長久認知是事實。這個事實的背後，自必有其道理與證據。由於苦於無法找出有力證明，尤其自十九世紀以來，心理學的發達，更使一般科學家們，對靈魂均持否定的態度。

知識程度低的人，只是盲目地相信，不但無意顧及學術研究，反而助長神怪迷信，給神棍們可乘之機。知識程度高者，又多固執於科學崇拜器物的實驗。而在文人藝術筆下，則多想像橫加渲染，寫成小說戲劇，供人消遣。至於哲學家思想中的靈魂，雖出於理性的推測，但總有些游移不定、虛無飄渺之傾向。由此以觀，靈魂之事，實在不容易談了。從下愚到上智，都難以下手，可見宇宙間「難談」之事，莫過於此。

筆者認為，在心靈與物質之間，有一種巧妙的平衡；在科學與宗教兩方面，有看不見的橋樑；在一切宗教不同教派之間，有四通八達的道路。我們應洞澈事理，而見解要合邏輯，不拘形跡，直契萬物之形上本質，而顯現一切的存在，舉目河山，都有其莊嚴境界。在文學藝術的作品裡，注入靈明的莊嚴，而不露神怪之跡象，如此，始可談靈魂之事；有了健康的靈魂觀念，方不迷於鬼神，或偏執於科學。

在百科辭典裡對於靈魂所下的定義：「靈魂者，乃能促使人類或植物活動的原理。」此外，靈魂亦可稱之為「靈」。在國語字典中：「靈，俗稱為鬼神，人的精神、精神與肉體的威勢。」對於靈魂的解釋，則是人的精神附著於形體的叫「魄」，能離開形體而存在的叫「魂」。實際上對這種存在，目前在科技上，尚乏任何適當之字眼來表達這箇中的意義。

在英文方面，《牛津字典》中，有關靈魂的解釋是：「specter: Ghost

haunting fear of a human body believed to excist forever.」身體的非物質部分，認係永遠存在的。在這裡不難發現，我國與西洋之釋義中，均有共同之點，那就是：除現有的身體之外，另有一個屬於自己的非物質部分的生命，永遠持續存在這個宇宙之中。由於靈魂的存在，既摸不著又看不見，除了憑「心眼」去測度之外，沒有其他辦法能證實出來，單依物質構造的五官感覺系統，是很難體會的。

總之，靈魂的存在及其活動，到目前為止，仍無法使得每一個人能夠相信是事實。雖有一些人能夠看見而且還能與之溝通，可是這些人亦常被指為幻覺、神經衰弱，最後還落得眾人的嘲笑，以致自我減弱了信心，而自認是真的胡思亂想所產生的幻覺。

依據宗教及古代先聖之文獻，筆者認為靈魂即「心」的活動，是現有物質化的身體內、外存在著而且活動著的精神實體，這個觀點是應該可以保留的。

靈魂科學

這個非物質化的生命是什麼呢？又是什麼樣的形狀呢？關於這一點，筆者曾經為了好奇，請教過生物學家、醫生、物理、化學專家及修道高僧等人。不僅在國內，也在國外請教過無數的學者及喜歡研究這一方面的人士，尤其在國外，更積極去探討學科的領域，只要時間充許，厚著皮不顧顏面上的問題，追蹤尋找答案。

在日本這一類研究性的學術團體頗多，其中最多的地方，仍是東京。實際上日本在這一方面的研究，僅五十餘年；依據手頭上的資料，英國大約在一百年以上，美國隨即跟進；蘇俄後於美、法、德等諸國，略領先於日本。

目前，美國對於靈的研究，非常積極而進行多元性的實驗。至於蘇俄，亦在加強此項的探討（請參閱《蘇俄超能力》一書，慧眾文化出版社）。一九一二年，美國哈佛大學設立霍金遜基金，供作靈界現象之研究。一九四三年，美國杜克大學超心理研究所，發表《靈之超粒子研究》。蘇俄在一九五七年，由一位權威的拖里烏姆拂夫教授，發表了《超高週率波電磁之生物上之奧妙反應》，而震撼了超心理學研究的各國學者。一九六七年，蘇俄的天文學家黑爾束夫，發表一篇《精神微子》的研究心得，更激起了全蘇俄的人民對於靈學之研究興趣，幾乎達到了狂熱的程度。

至於英國，在一九二九年，於倫敦由兩位博士聯手實驗發表了《幽體飄浮》之報告，曾轟動了全歐的科學學術界。這兩位博士是克林頓與勢路爾姆魯頓。一九六三年，英國的一位生物權威——約翰愛克列斯，發表了《精神上之生理學》的論文等等。

日本則可以說在亞洲諸國中，最積極研究靈學的國家。例如，一九三一年福來友吉博士（請參閱慧眾文化出版社《通靈人》一書），著作一本《透視與念寫》的書籍，在英國出版。一九四六年，成立「日本全國心靈科學協會」，自一九六〇年開始至今，在各地分別成立了無數的研究機構，其中較著名的是：仙台市的「日本福來心理學研究所」，新瀉縣的「超心理研究會」，東京中野區附近的「日本超心理學會」、「日本念寫協會」等。

其他如德國、法國、義大利、希臘等國家，均有研究靈學的機構。至於研究經費，有的是全部由國家支出；也有輔助性質，由地方政府撥款；但大部分都是財團、學術團體自籌的。

論及科學文明，歐美各國可說是進步的國家，如美國一切都是科學化，月球及其他的星球都能登陸探險；而在我們心目中，認為過分迷信的靈魂，他們卻能去相信，進而埋頭研究，這種態度是值得欽佩的。尤其在唯物論的共產國家，竟也研究唯心哲學，而重視精神科學的發展。這方面研究的主腦者是「列寧格勒超心理研究所」，全部經費由國防部供給，因此他們有相當的收穫。

美國在靈學方面的研究，雖早在蘇俄之先，但眼看著蘇俄積極的研究情形，使得美國本身不能不加強實驗，由此，亦可了解美、蘇兩國，在靈學研究實驗方面正在外弛內張的競爭之中。

奇異的體驗

記得在一九六四年的九月三日，我在英國倫敦停留的時候，經安排住在東區一條寂靜的街巷叫著 Stepney Grin（斯特布尼葛林）的一家招待所。因為我們一路上從希臘的雅典一直沿著各國到了這裡，身上所背的行李，重得使人透不過氣來，連講話都感覺是一種負擔了。雖然是九月，時值秋季，但一向以霧都著名於世界的倫敦，陽光似乎對於這個城市的供應量不夠平衡，雲悽露冷，朔風凜冽，層霧籠罩不散。

當晚飽餐之後，始覺通了血脈，回復了精神。大夥兒拖著多日來異鄉旅行後深覺疲乏的身體，呼呼大睡。筆者卻覺得，既從遙遠的台灣來到英國，何不把握時刻看看夜景！就自我驅散睡神，獨自漫步於附近的街頭巷尾。在倫敦街上的商店，下午六點就打烊了，何況時間已過子夜，沉寂的夜色往往會使一個人感覺超越物質文明，而更縮短精神世界的距離。

要折回招待所的時候，忽然間看到巷角有個死巷，有一道約兩公尺高的茂林密集而成的圍牆。由於本著人性原有的好奇，鼓著勇氣慢步窺看究竟，原來是一幢古老的房子，當然無人居住。庭院的雜草零亂不齊，形成奇形怪狀；正門是一鐵扇門，一推便發出了如同兩把生銹的鋸子互相碰拉的聲音，不禁令我毛骨悚然，忽然從腳底順著腿、腹部往上身冷上去，確確實實很不自在，心中起了恐懼，拔腿就往回跑。

翌日，將所發生的事情告訴了一位研究這一門的教授，他很認真地對筆者說，從腳底往上慢慢冷的現象，是自第四次元空間傳來的微波所震盪，若能多在那裡片刻，必可體會你想要知道的事情。他又說，由頭部、脖子等往下面冷是表示心理作用，並無其他因素。而我卻由腳底往上身冷，這就是證實了惡靈的出現，也就是這幢房屋是「鬼屋」。

＊從腳底往上慢慢冷的現象，是自第四次元空間傳來的微波所震盪。

＊由頭部、脖子等往下面冷是表示心理作用，並無其他因素。

本想大家結伴，再度前往一探究竟，但由於旅行日程之限制，繁忙的公務活動，忍痛打消了這個計畫而作罷。實際上也擔心，萬一惹出麻煩來，亦屬划不來的事。不過這位劍橋大學超心理科學的肯思教授，給我開導的身感現象，確是值得保留的寶貴體驗。

靈魂的質量

這一位教授，給了我有關這一方面的資料。他說德國有一個頗富權威的科學團體，在政府的資助下，正進行研究此項靈魂科學。恰好我們一行的下一站國家便是西德。

我們到達西德的法蘭克福市區時，已是下午七時多，可是整條街卻如白晝，霓紅燈五光十色，遊人及汽車穿梭如織，夜總會是三、五步就有一家。商店雖早已關門，可是櫥窗中的各式各樣貨品，都是費了一番匠心的陳設。萊茵河貫穿市區，為最美的一條風景線，碧綠的水，映著高樓大廈，我們在這附近找到一所青年活動中心的大旅館。這個旅館的前面，是一條名為緬茵河的河畔，這條河的上面有一座橋，用整塊石頭加工、頗具匠心的地磚，很有秩序地鋪在橋面，是一座富有中古風格的橋樑。普通汽車似乎不准通過，只准人行走，按其寬度，足足夠讓一輛車子從容地行駛過去。

當晚，沒有什麼團體活動，是一個休息的夜晚。利用這個閒餘的時刻，先行打聽一下這個研究團體的地點及主持人，作一個訪問前的心理準備。

翌日，按址找到了這一個機構，可是它只是一個分會，只有進行單項的研究小組。這一研究機構，從外表看來，並無特殊之處，僅僅在門口吊掛了「超心理研究」的字牌。

這個四層樓的樓房裡面，正是進行著劃時代的靈魂科學研究。老實說，要不是有意來訪，誰都不會去想到這一棟房子的分量。隔壁有一家中國餐館，叫做「香港飯店」，飯店的外面還懸掛了兩盞大宮燈，倒比這一個研究團體的房屋，來得引人注目而氣派多了。

當然，研究機構並非營業場所，不需要豪華的外觀。既然是為訪問而來，筆者即亮出身分，自我介紹之後，裡面的一位年輕人，也是這個研究機構的負責人，一聽到說來自台灣，非常親切地引我看他們的研究室。研究室裡面陳設了許多儀器，很像一間外科的解剖室，但又使人感受到有植物的溫室那樣的氣氛。這裡的研究小組每月舉行兩次集會，提出心得報告，向西柏林的總部交待。

我最感到興趣的是，有很多世界各國的人種模型，其精緻的製作與真人完全一樣。我詢問這些人像是做什麼的呢？他說，靈魂是現有肉體的主人，在塑造這個以前，靈魂之間究竟用什麼樣的元素配合，產生有高、有矮，皮膚上的色層的差異等，他們正在進行這個研究；而這些模型人，即作為假設的實體。他們的研究精神令人欽佩。因限於時間，無法看到他們實驗的經過。

可是，在這裡卻有一項資料值得參考，那就是靈魂的質量的實驗。他帶我參觀另一套儀器，這個儀器非常複雜，我曾要求看一看這套儀器的設計藍圖，可是被拒絕了，他說還在繼續研究中，還不能正式公開。不過，從他的實驗報告中得到了下面的資料（蘇俄也做過同樣的實驗）：

1 人的靈魂，好像一層稀薄的幽體，而保留生前的形狀，這個幽體具有一種實質，亦有一定的重量。

2 物質與靈魂並非我們所想像中那樣有懸殊的差別，相反地，是來自同一根源的東西。

3 他們從一兩個死者身上實驗出，一個人在其死亡的剎那，從人體上所消

＊物質與靈魂來自同一根源。

＊人的靈魂有重量，重二十多公克。

去的水分、瓦斯等，合計重是二十多公克。

這個實驗，據說是將那些奄奄一息的病人，經過家屬的同意，在某一條件的代價之下，並經過法律上的程序，交給該研究會，以供作實驗。這位病人被搬運到一個類似外科手術檯上面，在檯子下面放置過磅器，另連接電腦儀器；當這位病人斷氣的剎那，磅器上的指針，突然往回倒退，其差距有二十多公克。同時，經過特殊裝置的紫外線儀器及攝影，可目睹有一股輕煙又似一種光體的流動物，從死者的鼻孔冒出來。以上這些資料與日本的「超心理學研究會」所發表的資料，有共同之處。大阪大學工學部教授政木和三氏的《精神波》及關英男工學博士所發表的《幽子遊體論》，亦有吻合的地方。

在東京有許多這一方面的研究，不過在德國是經過實際的臨床實驗，追求出謎底的答案。在這數十年來，日本方面也急起直追，加緊研究實驗工作，不斷地製造這一類的實驗儀器。在日本研究界，發現靈魂是生前存在於體內的一種有機體的存在物，並且還有腦、神經、血管、心臟等機臟。

到目前為止，有關靈魂科學的研究及發展，其公開的團體，有如上述，但如要普遍地使每一個人都能以此作為一般常識，令大家心服口服，還是很困難的。

我們絕不能忽略了各國科學家以及生物、電氣、醫學方面的專家，埋頭日夜不停地努力研究的精神，更不能輕視了他們的研究心得。尤其西德學者在那一兩百個死者身上探證出來的共同結論，是可提供我們一種學術價值觀念。

生靈與幽靈

活人的靈魂是「活靈」又稱「生靈」，死者的靈魂是「幽靈」。在我們的靈魂中，有一種微粒子（angstrom），一億分之一公分的超粒子的光波，這是大阪大學的工學教授政木和三研究出來的成果，是經過特殊的精密儀器，所計算的數字。不過在筆者的估計，恐還不止這數字。

有個超級威力的靈波，即電波。在生人與生人之間交往，也就是靠生靈的威力，互相溝通；這個生靈，當指的是我們，我們即居住於這個世界，這個世界，便是第三次元空間（亦稱三度空間）。

次元是擴張的意思。一次元即只有單方向的擴張，它好比是一個無上下左右之分別的空間，僅僅是一個單方向的延伸。它猶如沒有方向盤的火車在限定的軌道上行駛，這個世界就稱它為一次元世界，亦可說是線條的世界。

第二次元的世界，是指能向兩個方向擴張，像汽車之類並無任何限定的軌道，可以迅速地超車，當然亦可迴轉，但是它仍然限在平面上的活動，而無法突破向上空飛行。

第三次元，即此刻我們所居住的世界，它是由平面有左、有右進展至立體，有了高度及深度。上至空中的飛機，下至潛水艇，都可稱為三次元的交通工具，而是突破了平面趨向立體的世界，這就是「生靈」生物的棲息處所。

那麼第四次元的世界，又是什麼樣的呢？第一次元到第二次元空間，頂多只用方向盤的程度，從第二次元空間到三次元空間，即依靠操縱桿上下升降了。假如要去另一個世界，如第四次元空間，就得另行設計操縱的裝備。在第四度空間，最主要的是要加上時間條件，也就是四通八達通行無阻，哪怕是鐵牆，照樣毫無損傷地穿透過去，可說是超立體的世界。這個世界便是「幽靈」所居住的地方，也就是死人靈魂所居住的地方。

「生靈」同樣地可以與「幽靈」溝通，憑各自的靈魂發射出來的靈波傳遞，發生作用。這就是一般所說的「通靈」的現象，也可說「心靈感應」。靈魂的交往感應，通常是第四次元的靈魂來支配，影響第三次元的生靈的機會較多，如守護靈、指導靈等。因為他居於第三次元的世界之上，是高一層的空間，好比一個指揮官站在高山，用喊話筒、麥克風或笛子指揮戰士，或用無線電話、揮旗操練一樣。因此，第三次元的生靈，不管他有多大的本領，仍舊要受他的控制；當然第三次元的生靈，亦可憑自己的念波，即靈波，發射至四次元的世界聯絡事情，這就是所謂的超能力現象之一。超微粒的電波，是我們走上靈力訓練、超能力訓練的基本能源之一，我們要有這種認識，始可藉此應用發掘能量，以促使靈力之增長。

輪迴與轉世

到英國去，如果不看看他們的鄉村，不能算認識了英國。本來我就很怕冷，一到了英國我就買了一件毛線衣，雖然是九月份，天氣可奇寒無比，要不是為了好奇，實在不想出去，躲在招待所裡，烤烤火、聊聊天；只因為聽到在溫莎古堡有一處專做「交靈會」的場所，並備置許多資料及儀器，對我有相當的吸引力。

一大早，我就坐計程車往溫莎古堡。在路上，發現自己的車子有如駛入圖書中，看不完的玲瓏小屋，走不盡的青青草地。那些房子都是窄而又長的窗門，尖尖瘦瘦的屋頂，奶油黃的牆壁，圍住滿園的爛漫色彩，偶然還點綴一兩隻瓷鹿或瓷鶴。

到了溫莎古堡已是中午十二點多。據說威廉一世進入倫敦，蓋了這座古堡作為皇室住所，到現在已近九百餘年。花崗岩的建築既堅又厚，從遠處一看，只是一座圓桶似的龐然巨物，巍巍地矗立在山坡上。一格一格的小窗上端，還有許多槍眼，那時候還沒有步槍，英王哈羅爾在聖拉克迎擊威廉一世時，他所率領的步兵在短兵相接之際，掄起戰斧禦敵。據說威廉一世以後，大部分英國的君王都曾把溫莎古堡作為皇居，當今的伊莉莎白女王也把它作為行宮。

每天到此的觀光客雖也不少，但園裡一片荒涼，裡面屋子給人一種陰森森的感覺。我的目的並非來此觀光，是找「交靈研究會」。經過一問，才知道這個研究會是在這個古堡中籌備。由於行宮的關係，不准有這種活動，因此只是愛好研究靈學的人，常到這裡聚會，並籌備研究會的事宜，於籌備工作完成後，他們就要搬到倫敦市區去。在籌備期間，經常在每一個月的十五日這一天晚上，作交靈的聚會，可是我去的這一天並非十五日，等於白跑了一趟。

有一位中年紳士模樣的男士也為這事趕來，當然他也是跟我一樣撲了個空，但一看很面熟，經過一番寒暄之後，才認出來是當年在希臘認識的同行，他是在英國負責青少年活動的一位傑出教育家，我不知道他也是靈學的研究者。失望之餘，他說這裡的附近有一位資深的靈能者，名字叫巴林可爾，何不一塊去找她談一談？當然我立刻同意。兩人就叫了一部計程車，按著地址找到了這一位中年婦人。

她家裡存放許多有關這一方面的書籍，很巧合地，她也是籌備會中的主要召集人，並擔任「交靈會」的主持人之一。她神情怪異，不愛說話，問一句答一句。她正在搜集人類輪迴的實際資料，並已統計了不少事實。她問我，中國有沒有靈魂之說？顯然她不了解我國的宗教與哲理，卻傷了我的自尊。當我開口要向他解釋的時候，我的那位友人搶先向她說，中國有關靈魂的論說、佛學、《易經》等，早於英國不知多少年。這悅耳的短句，平息了我不滿的情緒。她的態度也隨著變得很親切，接著滔滔不絕地說出有關靈魂的事情。

她的桌子上面，放滿了許多卡片式的資料，都是一些人的姓名，也有類似族譜的冊子及嬰兒的照片，好像是我們的戶政事務所一樣的資料，一本一本地排上號碼。可是那些人，我一個也不認識，多半是英國人及少數其他國家的人們；若是在台灣，收集的是中國人，或許會碰巧認識一些。

她表示正在研究遺傳上的特徵，追溯祖先一代，在追查上一代甚至上上一代的資料，包括興趣、職業、習慣等，研究輪迴的可能性。她也常以靈媒的超能與靈界溝通，但全屬學術性的探討，別無他意。在那些資料裡，有許多記事，值得我們參考的地方很多，其中特別對於輪迴及靈魂的投胎說得相當仔細，而有下列的幾項記述。

> 肉體一旦消逝之後，其精神仍為不滅，有時會再度轉世於第三次元。至於轉世的時間並不一致，有的經過很久始能從靈界輪迴投胎，但有的卻在短時間內，即再重生於第三次元的世界，這必須要看靈魂本身在靈界進化的程度來決定。例如低級靈魂，像獸類或其他生物歸幽之後，反而不到二十年甚至僅十餘年之光景，即返回地上。
>
> 稍高級的靈魂，卻在四十五年左右，始返回人間。每一個人的靈魂歸幽之

後，必須在靈界接受進化的修正，在這個修正的期間，常常去擔任人間某一個人的守護靈或指導靈。擔任這個任務也是在自我求進化，早日能達到較高的境界。肉體在死亡後，如果把它製成木乃伊，往往靈魂不能從身體中獲得完全的解放，而無法輪迴。

進化程度較低的靈魂，大多數在肉體消逝後，並不知道自己已經踏入靈界，如那些無神論者或無靈魂論者，尤其遭橫禍身死的人。實際上靈魂自肉體離開，不論是在昏睡中或休克，突然的衝擊，均在無意識的狀態中進行的。因為，這一些人的幽體，其密度濃厚而又重濁，常以漠然半醒的狀態，而將他們死後的日常生活寄留於地上的原故。

輪迴投胎，要看靈魂本身的選擇，但不一定都是自由地由他個人來決定，在冥冥之間的主宰，有他最後的決定權。如在世有所虧欠或應補償，或再度受苦等，都有牽連關係。若無這些因素，可以任選與自己所喜愛的人家去投胎。但也有例外，那就是奉高階層的靈下降做事的。

不管是怎樣，靈魂完全留宿於肉體，是在誕生的時刻。自懷孕開始，靈魂是進入形成中的肉體中。因為靈魂要對他這一住所埋下他原有的個性，並不斷地在那裡進行生理上及肉體上遺傳，使得能有獨特的個性。在懷孕期間，靈魂是忽來忽去，一直到誕生的剎那，始把過去的一切記憶忘掉。

以上是從這具有分量的英國「交靈會」的資料中看出來的紀錄。但在筆者本身研究的情況來說，懷孕之後，胎兒正在形成的時候，靈魂不來投宿的情況也會有的。我把這個問題向這位靈能者提出的時候，她並沒有立即答覆，不過只是說：「還沒有研究到這一點。」筆者認為在懷孕的期間，既是靈魂忽來忽去，這就表示，靈魂本身尚不能有絕對性的定居於母胎，因此，也可以放棄宿住形成胎兒的機會，這個胎兒自然就步上脫離母胎的途徑，即造成流產。在我個人的判斷，依據靈魂的進化論來說，這個胎兒需要接受進化而被送回去，這種情形對母體來說，是一種痛苦的事情。

按一般生理常識而言，卵子是月經完畢後，始能下降到子宮，但在月經期間，若作陰陽交配，引起強烈振動，亦有可能使卵子突然下降到子宮而造成受精懷孕。這只是我的淺見推測，不知道有沒有這種可能性？假設在這種情形下受精，必有不純物進入卵子裡面造成流產，若能保持住胎兒，也易形成畸形怪狀。

在一般生靈歸幽進入靈界，尚有許多幽靈不甘願就這麼快結束了他在第三次元的生活，而留戀不捨那種性慾與權力的世界，或強烈的懷念那顯赫的政治財勢欲望，自然就再生返回地上。

再生時，他們必會選擇類似自己靈魂性格的雙親，依感應的引力——「心的引力」吸引，成為自然的定律，而再度環繞這不自由的「毛蟲」生活（指蛻變之意）的地上來。

離開溫莎古堡回來的路上，我一直在看這位靈能者給我的資料，許多地方與佛教因果律有相通之處。在佛教教義裡面，認為生靈歸幽之後，向上心強的人，可以擠破自我之內外殼，心界寬闊，可與大自然共鳴相通；進入靈界的高層，就與宇宙更加共鳴，與大自然更形一體，也就達到所謂天人合一的境界了。那麼天人合一的境界就成為自己的生活內容，當然就不想急於歸還到地上，再過那種「毛蟲生活」。但基於度化眾生的願望降下為人的，自當別論。

有關上述許多死後靈魂投胎與輪迴的探討，不只是英國如此積極，目前依美國的情形來看，談論死亡已不是大家所忌諱的事了。據報導，在美國境內有一部分學校更以死亡為課程之一，並且同學們還經常參觀墳墓、殯儀館，甚至輪流睡在棺材內，體驗其感受情形。據學術團體與《時代》雜誌合辦的有關死後的生命存在論的問卷中，在美國全國竟有百分之八十的人們，深信靈魂並不受肉體限制，肉體雖死，靈魂仍能超越時空限制，脫離肉體後附於另一個人身上，甚至別的生物身上，繼續存在。

科學昌明的時代，尤其美國的科學家們孜孜不倦地研究，目前最有成就而知名度較高的是雷蒙・穆迪（Raymond A. Moody）博士。他在他著作的《死後的世界》（Life After Life）書中，將那已宣告死亡但後來又奇蹟地復活起來的人，搜集一百人的資料。穆迪博士在研究中發現，與他談話的一百個人，每一位都有一些共同的經驗。例如，垂死的人聽到自己被宣告死亡，接著又聽到一種奇怪的音響，發現自己正在經過一條隧道，肉體突然消失；同時，他又能看到已死去的親友的靈魂，然後又遇見一個可愛而熱情的靈魂。

穆迪博士認為，發生意外死亡或技術上被認為已經死亡，後來獲救生還的人，各有不同的超自然現象。

2 靈力現象

靈媒能力

靈媒的能力並非是特殊的人才能具備的能力，當然也不是那些職業性的靈媒所懷有的專利品，是人人在先天上都具備有的能力，說來真是不足為奇的事。

凡是有生命體的事物，與自然界、整個宇宙都帶有連鎖性的關係，雖然有空間層次之別，但在這空間的一切生命體都是息息相關，並且隨時都在互相溝通聯繫。各種生命體都以最基本的「感應力」互相聯絡著，譬如螞蟻突然成群大搬家等，在告訴我們洪水來臨的信息。另外以自己身體直接去感應的許多預兆，如突然之間沒有其他外來的刺激而感覺到耳朵或耳垂部位發癢，其他如肚臍癢、眼皮跳等，表示有好事或有麻煩事到來，這是在提醒我們注意。這些情形在我們每天的生活中經常發生，經過統計也確實有它準確的百分比。

這些例子，讓我們了解人類生命體中有感應的機能，這是極為自然而平常的事。由於人類生活在進化的時代，以「現在意識」這種自我意識強烈的支配，產生了嚴重的知障，隨著否認了此項能力的存在；一旦發現了這個能力，即把它當成奇特的超常能力而驚訝，實際上這一種能力並非「超常」，而是一個平常普通的力量罷了。

超心理學的研究，是在幫助人類重獲失去已久的力量，加以應用於本身的人際事業上的發展，進而貢獻於國家社會。

人體中的靈媒能力

在我們肉體中的一部分，有一種稱為Paranormal matrix的奇異細胞基質，它的形狀如鑄形成網狀，活像雷達的受信作用，在生理上，它是可以聯絡各類活細胞的一種獨特的交流柵極。蘇俄的科學家們在嚴密的科學處理下，發現某些人不用眼睛視覺可以指出各種顏色，經過研究認為，每一個活細胞似乎都有獨立的情報局那樣的作用，合起來稱為「心靈認知系統」（Psychic recognition system）。

這一種奇異的細胞基質所聯絡構成的整個細胞組織，它隨時可以察覺自然界各層超常現象的事物。另外，在我們身體中的許多「穴道」，中國針灸醫術上的穴道都有微弱的「磁波」產生「電流」作用，這是經過醫學及科學儀器所探討出來的看法，雖然目前仍在研究中，但在人體中的光氣（CURA）又名「靈光」已被證實之後，這個穴道的所謂「磁波」之說，應是可保留的理論。此外，人類潛在意識的樞紐即由自律神經系統所支配，其中心則在腹部。因此那些坐禪、靜坐等，都在加強腹部丹田，也就是在培養潛在意識的力量。

「現在意識」與「潛在意識」哪一種較重要？因為它像天秤一樣，始終在人類生命中保持平衡狀態，究竟哪一方面較重要？雖然不能說，沒有頭腦即可以存活，但「潛在意識」仍然是根源，而且具有很大的感應力量。例如，無脊椎動物沒有大腦，也具有相當的生命力，因牠們只要潛在意識的力量就足夠可以生存。我們以此感應力量，培養正確的處理本身業務上的判斷力，破除有害於社會的迷信，感化作惡的人們向善，甚至應用於治安及國防上，更是有其價值與意義。

＊人類潛在意識的樞紐中心在腹部。

＊靜坐時加強腹部丹田，就是在培養潛在意識的力量。

「靈魂」是什麼？

靈媒即是靈魂的媒體，當靈媒在促動磁場產生感應的時間，所謂的「靈魂」也隨著磁波互相吸引，降落於三度空間的靈媒身上，變成附著人體的附靈現象。這個時候，靈媒的意識完全被控制，他原有居住在第三度空間的人格形成消失狀態。

那麼，世上所說的靈魂究竟是以什麼存在呢？有關對於靈魂的探討，各有其看法及見解，因其是摸不著、看不到的東西，似乎是有形，但也似乎是無形的東西，很難有個令人心服的真憑實據。

一般所謂靈，是以潛在意識為根源。如以「靈魂」二字來說，「靈」是屬於現在意識，「魂」即潛在意識。當你藉以呼吸維持生命的期間，當然以現在意識為主角；若死亡，則潛在意識為主要角色。人類在繼續他的生命能力而活動於三度空間的時候，以運用現在意識，增加道德感，形塑現實社會中的人格。我們生活當中常聽到「那隻狗很有靈性」或「什麼動物具有人類的靈性」之類的話，都在說明那些動物也像人類一樣有現在意識；但是其動力的馬達仍為潛在意識，這就是宇宙意識，也就是永恆的生命。

宗教上的輪迴、再生等，其母體仍然是「魂」，因此，當你死亡後經過若干年，再生於人類或其他生物時，那生前的現在意識，也就是靈的部分的記憶完全消失，前世的事情必定忘得一乾二淨。雖是如此，也有一些像錄音帶一樣，有一小部分沒有洗掉，所以每人在一生中，至少有一次經驗，感覺「這個地方好像來過」等，這就是「現在意識」瞬間消失，而「潛在意識」出來使你回憶。

現在意識可能經過一次經驗，隨著時間或雜念會沖淡你的記憶，但是潛在意識是不會忘掉的。這種大的力量中心就在腹部，瑜伽術就是把這個中心作為太陽神經叢而非常重視，這個力量也有人叫它為「念」。

因此，人類若全部應用或靠著潛在意識也不行的，那無異於其他動物了。人類必須經過死死生生好幾回，返回地面上的三度空間，運用現在意識，重理性、道德、啟發常軌思想及知識，這就是所謂的生命的進化、再生、再再生。儘管時代環境如何的變遷，但是生命本身是無變化。由以上的觀點看，人體上附靈就是：指死亡的那些魂還沒有輪迴以前在四度空間飄浮的魂體而言，便於分別對於這個死亡的亡魂以「幽魂」或「幽靈」來取名，活著的人以「生靈」

二字來劃分。

幽靈

心臟跳動停止，五官感覺隨著結束，就是死亡。死亡後生命仍舊保持死前的人格思想，活動於空間，就是前面所說的幽靈。依據斯路孟奴大學神經生理學研究所的一位權威教授——休夏魯所發表的《死後生命》專欄裡，有下面一段記事。他認為，人類經過五感，所以能看、聽與外界接觸，那是由於透過人體的神經組織系統傳給腦細胞，而腦細胞則放出一種微弱的電流，這個電流就是腦波，將所知道的一切刺激銘刻於細胞內，這就是所謂的「記憶」。腦波的情況與電波有同樣的性質，由腦細胞組成的電波出力微弱，在本質上與電視及收音機的電波應視為相同。

死後意識殘存，就是這個電波形態存在著。這個電波飄浮在空中，並且能以極快的速度飛向任何遠處，當然也能輕易穿透牆壁、窗戶。所以，死後的生命可能就是這電波的活動。當然，這種說法是依物理學方面來解開精神與意識對於死後之謎。本人對他的看法，只能表示較近於邏輯的理論，尤其以「電波」

來形容幽靈一說，尚可作為今後研究的參考，起碼這是突破一般的玄虛之說法。

在本人的體驗及無數的經驗，或參與處理鬼屋的種種實驗，確確實實，在這個世上有幽靈的存在，是件無法否認的事實。那麼幽靈附在人體上的情形，若依據人體中的奇異細胞基質及神經系統，加上穴道的磁波就像幽靈的電波一樣的接觸，不能無的放矢而一語抹消一切理論。

幽靈保有生前的人格，也就是具有活著時候的性質、嗜好、習慣及思想之外，還棧戀人世的種種環境，尤其執守於最後結束生命之地點。例如，在某一街巷闖越馬路而被車輛撞死，當他的肉體被毀時，他的靈氣瞬間脫離，而在車禍地點周圍飄浮，心中有所不甘，怨念徘徊於此，有時候這個念產生電擊作用，產生物質化顯現，又使另一駕駛員發生錯覺或行人瞬間的暈頭，而再度地在同一地點產生不幸事件。雖然這個道理在科學上無根據，但卻有許多事實使你無法提出一個合理的解釋。

在我個人的經驗中，發現幽靈都喜好在古屋棲息，或古老的水井，白天則喜歡在黑暗潮濕的地方、曠野中的樹林及其他植物上停留。

當靈媒進行媒介階段中，往往會引出幽靈對象的顯現，因幽靈乃是一個電流，像一個無形的氣體一樣，若要現出在世時的面貌姿態，必須要借用人的能量，以磁場的道理吸引電磁作用，當然不能不從正在交通的靈媒著手。這個時候，靈媒的心靈所引起的物質，就會像一種液體從身上湧溢到外面。歐美的化學分析方法已經看出來，它是無色、無味、絲狀的液體物質。

幽靈本身也有善惡之分，善者指在世所做所為都屬於守本分，惡者當然是個惡靈。若是不巧惡靈乘虛而附身，那就麻煩了。所以那些職業性的靈媒不但是要知道呼靈的技法，另外還得修練一套避開惡靈之法。

幽靈附身

幽附身的情形，不只是靈媒才會有的現象，凡是生物都有受到附身的可能，其中人類被幽靈纏身的情形多於其他生物，那是人類本身具有電磁吸引的機能，這在前面已說過。那麼究竟醫學界的醫生們，對於靈魂存在論的看法是怎樣？大多數在基本上仍是抱持懷疑的態度。

儘管美國著名的雷蒙博士為了了解死後生命的動態，集合了已被珍斷為確實死亡而竟在兩三天後又奇蹟地復活的一百個人，進行調查死亡至復活的這一段時間的情形，分別做記錄，發現了死亡後確有明確的生命持續現象。可是這位雷蒙博士仍然不輕於下定論，還在繼續實驗中。

因此，到目前為止，什麼是靈魂？又何謂善靈或惡靈？根本無從考證。所以，幽靈附身的現象，醫生們只能根據「精神分析」來說明這種現象，認為這是「精神分裂症」的一脈，可以說是一種「心理病態」。雖然近代精神病科，承認有「多重人格」的存在，但仍然以「人格分裂」來解釋。

至於宗教方面的看法，由於世界上宗教的種類很多，教派也極為複雜，各有各的見解。但把他們的看法歸納起來，基本上認為神靈和惡靈是同時存在，惡魔是屬於惡靈之行列。

超心理學方面的學者的看法是：附靈本身不是「病症」，而是潛在的「超能力」以突變的方式表現於外。所以他們主張，如果好好誘導這個突變的超能力的話，不致於有不良的結果。由此看來，這一派的學者對「人格」的看法是「單一」，似乎與醫學界的看法相同。

靈魂是存在的

對於靈魂的存在及靈魂附身，雖然蘇俄、美國及加拿大等超心理學研究機構和許多科學家，都以最精密的紅外線攝影拍攝出來靈魂形態，但都還不能當作公開宣布其有無的定論。在台灣也有許多人以普通的照相機，在黑夜無意中拍攝到靈魂照片，我也曾看過拍攝後沖洗出來的幽靈照片。

總之，人人都具有靈媒能力，有這種接引的機能。因此，只要有個強烈的念力，不管那個念是善或惡，隨時都會產生強烈的腦波，因細胞上的磁波，大氣中飄浮的幽靈就會附著於你；尤其壞的念頭執意地燃燒時，當然會接上惡靈的侵襲，使你精神恍惚，為日常生活增加許多困擾。因此，最重要的是，人們必須憑良知活動於世間。

不管是怎樣，幽靈附在你身上，都不是一件好事，經常與幽靈打交道，根本就是不應該有的事。但是，我們看到一些霉運很重或精神不振的人，就說他有幽靈附體，也是不對的。

總之，靈魂的存在是真實的。大哲學家柏拉圖認為，心靈現象包括自然界所有狀況，而且他還特別相信以及根據靈體而得知的預言，並承認死後之生存，以及新生兒童的心理充滿了前一世的生活歷程。他相信宇宙所有一切的物質，都具有生生不滅的將來。

靈力與超能力

靈力和超能力，最大不同的地方，就是靈力帶有濃厚的宗教色彩。超能力則不需要與靈交流，只是把原有先天上已具備的自然能力發揮出來而已；或者以科學的自我訓練引發出超常能力，這種能力不一定與靈溝通，根本沒有這個必要。靈力是與靈界之靈聯繫，而借助這種靈的力量所產生的一種能力。近代許多研究者，都一致認為，超能力本身也應該屬於靈的次元，因此認定了超能力也就是靈力。

可是，我個人認為，靈力仍偏重於借助靈的力量的作用。其效率帶有玄虛之處，施法者藉暗示、提示、引導被施法的當事人，使他自己達到某一境界。例如，施法者與某一尊貴神明溝通、交涉，可是沒有見證，其他的人只能意會。但超能力到目前為止，各國所研究的，都能眼見其實際現象、狀況，所以基本上仍有一些差異。

但這兩者都有一共同之處，就是：有些能力，不一定要依賴某一宗教的無形力量的條件，照樣從小開始就已具備了相當程度之能力。有的在先天上並不是很強烈，而是在生活中，忽然遭到了變故而自然擁有了這個力量。例如，從樹上摔下來沒死，在瞬間看到靈魂，或者能與靈界交談，甚至能透視、感應，或受到六次元的訊息，能知未來等等。這類例子，可能讀者們時有所聞。

可是不管是天生就擁有這個能力，或者是後天培養的，當事人要發現自己有這能力，如何去評估、判斷，其標準如何斷定，是很不容易的。甚至於，雖然發現自己擁有這種能力，但要如何去支配、開發，更是很不可能的。有許多人，常受到一些報章雜誌及其他傳播媒體之報導影響，往往會自我幻想，認為自己已經擁有了相當程度之能力。他不知道是個錯覺，甚至自我陶醉，造成了不良的後遺症。由於無法判斷其正確性，就算發覺自己的確有了這種能力，但也求好心切，應用不當而帶來了反效果。

靈力或超能力，是人類與萬物之間自然形成的一種力量，如何去調整和發展，完全要靠自己的運用。當然，要依靠自己的意志支配它、控制和啟發才行。

如果不懂得控制的話，如同一部沒有方向盤的汽車一樣。

超能力的威力愈大，危險性也相對著增大。例如說，與生俱來的超能力者，自己在一個不自覺之情況下，去憎恨一個人，雖然不是故意的，那位被憎恨的人也會生病或受傷。所以，擁有相當程度的超能力者，自己個人之修養是不能忽視的。有鑑於此，我藉這本書，提供一些超能力的正確知識；而不僅是知識，希望能夠明瞭萬物之調合，為人類之幸福，多貢獻你的超能力。

3 身體收發站

你的身體就是收發站

在我們日常生活中，由於過分執著於眼前的事物，因而在這個物質文明的社會中，雜念也就多了。

通常當我們在身體的各器官中發現有異樣的超常現象時，大都自我認為，可能是因事情繁多，而導致身心疲勞所產生的，於是擱著它，不當一回事。這些異常現象，如果既非感冒或其他的疾病所引起的話，不妨多觀察四周，或想一想昨天或幾天前，甚至數月前的經歷，推斷一下，此刻或明天甚至這幾天內，將會有什麼事發生。

由於疏忽或猶豫不決，你可能遭受了挫折或坐失了良好的機緣，這個機緣可能帶給你無限的吉運也不一定，往往等到事情發生了，才恍然大悟：「難怪這幾天，胸部好像有什麼東西壓住我一樣，悶悶不樂，或眼皮老是跳個不停……」而長嘆著後悔不已。

倘若能留意事情發生前的種種跡象，你就不會後悔。現在我想請讀者邊讀邊依回憶的方式，追索一下過去在你身邊所發生的往事，來一個事後的明證。

例如在昨天或上一個星期，甚至更久以前所發生的事，或是在你最要好的朋友發生了任何意外之前，你身體的感受以及在四周環境有什麼異樣？許久渴望要買的東西，竟然有人給你送上門來；突然接到通知說要去領錢——早認為沒有希望的錢。諸如此類，不論是好的事情也好，不好的事情也好，在這些事情要發生以前，在你身上有什麼現象？如你一向在吃飯的時候，從來未有過摔破飯碗，而竟在那時間裡發生了，或魚的小骨竟然刺穿牙床，或切菜割傷了手指頭等等。

這些現象，都可說是來自第四次元的靈界，或來自我們第三次元的親戚朋友、兄弟姊妹、同學、同事或上司，亦有非親非故的陌生人的呼救之靈波送來的信息，由於個人的收受力強弱不同，而可完全收到或是不能完全收到的情形是會有的。總而言之，生靈與生靈之間，生靈與第四次元的靈魂通信，就是依靠這種方式進行完成的。

所謂預感或第六感，亦應屬於這個範圍的一種跡象，只是看你信不信而已。

倘若一個人在臨危的瞬間，或是最喜悅的時候，這時在你心中，總會浮現出平常最要好或最知己的朋友、最尊敬的人，想要讓他知道，因此，腦部不斷地塑造這些人的形象，而發出想念之波。這個「波」的威力，如同漣漪一樣的擴大，波浪一層一層向橫的發展，遂形成一個電磁場，直到所想念的目的物或人物身邊。假如你情不自禁地大聲叫出來，其威力必有驚人之速度與深度；若是叫的是你親人的名字，而他剛好是在床上躺著看書，他即像觸了電或被一桶冷水潑上一樣，會猛然從床上起來的。

尤其小孩由於天真無邪，雜念較少，其「心電歷程」也單純而清晰。如一個兒童在回家的路上，不小心跌倒在很深的水溝的時候，他會想到平常最接近他、關心他、疼愛他的母親而放聲大哭叫著「媽媽」，如果這個媽媽，正在廚房做飯，必會產生很不自在的現象的，例如，切菜的時候竟然割傷了皮，或掉下盤子等等情形。

這種現象，很多是科學所無法求證的，可是我們絕不能說，因科學無法查證，而一口否定，認為那是迷信或偶然巧合，以這樣的看法來解釋，是不公平的。

因此，所謂靈力，就是將我們人類本身具有的這種收發的能源，加以自我增加，隨時都能按自己的心願去發送或接受，進而藉此在個人的事業上或家庭中，做出有益於社會人群的事。

偶然巧合？

談了許多次元間或同一次元的信息交通，經過我多次的體驗及友人的實驗統計結果，發現個中許多現象，絕非碰巧或偶然。可是我們人類，偏不信這個事實，而把它當作巧合，置之不理。無論任何現象，絕非無因而生果的。

不過人類有一共同的弱點：雖然表面上不言，可是在骨子裡仍然一直惦念著身體的不正常現象。如耳朵癢，為什麼一直癢個不停，是會令人納悶的，那是要傳給你的「心電」、「靈波」在催促你，或要你有所作為的表示。想到白天那一只摔破的碗盤，當事者就會有不自在的感覺，當夜幕低垂的時候，就更有不安的情緒在蠢動。

在這裡，不能不提出「寧可信其有，不可信其無」這一句成語。這並非叫人盲目地迷信於無中生有的事，更非叫你患神經衰弱似地坐立不安，或者叫你對於一些即將給你帶來的喜訊而得意忘形。有了不祥的預兆，則立即有所預防，觀察四周的情形而予以謹慎的處理，至少在那一天或數日內，不管言行都得三思而行。假如是一個好預兆，則應多較平常更加努力去把握良好的機會。要知道，一切的不正常現象，並非偶然產生的。

4 超能力

特殊感應

我們一般人都靠視、聽、嗅、味、觸等五官來生活，但是除了這些感覺器官之外，還具有一種「特殊感應」。因為它是超越了一般普通現象的能力，所以就統稱為「超感官覺知」（Extra Sensory Psrception，縮寫為ESP）。

由於它是五感以外的一種感應能力，也有人稱它為第六感。若按前面所說的靈及第三次元、第四次元來說，筆者認為稱它為第六感也好，稱它超能也好，都屬於超常能力的現象。

本來凡是有超常現象的能力，以目前一般所流行的術語，都把它稱為「超能力」，包括前面所提到的「靈力」在內，都可說屬於這一環。實際上它本身，根本沒有什麼分別，筆者為了使讀者容易記憶修練方法，表面上把它劃分為二。

其中一部分是藉著內、外特殊訓練或技法，將在人體內原有的能力誘導出來付於實際行動的力量，而大多限於有理智、有理性的人類應用，因為其他生物或植物則不能自我應用，這種超能就把它定名為「靈力」。

另一部分則是不經過任何麻煩的推理或判斷等過程，而可以在一瞬間，直接感應或推動人、事、物的能力，就是所謂的「超能力」。

「超能力」是不加任何技法，可順其自然洋溢出來的能力，生物也同樣發揮得出來，如鳥兒在夜間叫個不停，野生動物的騷動等，都可證明這些動物早已知道將要地震。在我們日常生活中，每個人幾乎都在發揮這種能力，只是大小程度上的差異而已。譬如說：孩子們互猜爸爸今晚下班會買什麼樣的玩具回來。經過一猜，果然就有猜中的情形，這個「猜」就是啟發超能的一個動機及跡象。

同學們放學回家，或你下班回家途中，始終感覺到後面有人跟蹤，若聽到腳步聲，好像是老同學某某人的樣子，回頭一看果然是多年沒見面的同學。像這種情形，好多人有過這種經驗，這可以說是一種特殊感應。

培養超能力

要想得到超能，必須先持有信仰之心，有信心的人就有得到這種能力的可能，因為它並不是屬於少數人的特產品。你若不信其存在，即或其事發生了，你也會當面錯過無法認知。

許多人都認為，超能是個荒誕不經而非科學的東西，都是騙人或偶然巧合罷了。還有一些人，在這個物質世界中，一直相信在科學萬能的潮流裡，對於談論「超能」，不但嘲笑而且還認為是羞恥和落後的事呢！

實際上科學文明發展至今日，人類都已感到有一種空虛的窒壓，像是發明了核子的威力，卻無時無刻不在恐懼毀滅於核子威力，搞得人心惶惶，不知何去何從，反而被自己所創造出來的東西擠壓得頭昏腦漲。因此歐美各國，隨著就掀起了一股研究精神的熱潮，逐漸發現「超能力」確確實實存在於宇宙之間，存在於我們每一個人之中。希望依此垂拱而天下治，希望依此不戰而屈人之兵。

研究超能力和心靈科學方法，英國可說是最具顯著之成果。據說，他們訓練利用這種能力在搜查刑犯，以及企業發展等方面，都有許多貢獻。美國則步其後塵，在一九三〇年，於杜克大學設置「超心理學研究所」，由雷恩博士夫婦從事各項的研究實驗。為了解開超能力之謎，進而去開發它，他們設計了許多實驗器具。最值得注目的是，蘇俄每年也由他們國家預算中，撥出數十億元的經費，從事此項研究。

筆者認為，這些以科學至上又講邏輯的國家，都在這樣努力研究而想開發此種能力，而我們一向講求精神文明，更應該努力研究它，使人人都能培養這個素質，人人都能用之於社會繁榮與和諧，以增進共同的幸福，豈不是更有必要嗎？

五種超常現象

五官的感知能力以外，還具有下列五種能力：

1 遠感能力（Clairvo Yarce），另稱透視力、知心術等，雖然指遠方，實際上無論遠近，這個能力是無窮盡地可以發揮出來。它是不用肉眼，可透視人、事、物的情況，不管距離數百甚至數千、數萬里的一切動態，都可以一目了然，明白箇中情形。

＊五種超常現象：遠感能力（Clairvo Yarce）、預知能力（Precognition）、迴知過去能力（Past Cognition）、念力動象（Psycho Kinesis）、通靈能力。

2 預知能力（Precognition），指對於未來將發生的事情，可預先了解的一種超常能力。

3 迴知過去能力（Past Cognition），這是對於數十年前，甚至更多的歲月以前的事，都可以知曉的一種超常能力。

4 念力動象（Psycho Kinesis），這是藉用精神的力量，產生的超常促動作用的能力。在心中作強烈的想像，對於自己的意念所希望的結果，構成已經產生的藍圖，而使人、事、物「任意作用」。

5 通靈能力，這是在五者當中，最具特色的一項能力。也就是可以與靈界的幽靈溝通，產生靈力治病或新知識、靈感等能力。

心靈科學

我國是個文字國家，國人喜歡以神祕多彩的表達方式來形容描寫一件事。常帶玄虛的想像，故意把一件事冠上一些深不可及、神機莫測之措詞，否則好像顯現不出它的威力及神祕性。這些名詞，無疑地把大家帶進古代的迷信遂道。

如今，超能力是早已成為世界各國共同的名詞。在先進國家以物理學、化學、電學、醫學及心理學等科學為基礎作研究，是已肯定的一門科學。

而我國民間，卻以通靈之詞代替超能力，而曲解了原本出自於本能是個科學的理念。國人喜愛以靈來表達，好像不以此來談即感覺不夠分量、不夠神奇，明明是個簡單的事物，非要把它說得很複雜。實際上，靈通、通靈都屬於超能力當中的感應、「心靈感應」（Telepathy），天眼通也就是如同「透視力」（Cjair Voyance），那些陰陽眼、千里眼、順風耳都是出自於自然之能力，一點都不稀奇、不玄妙，由於一般民間，用神祕的名詞來形容，給大家一種邪的感受。

我很誠懇地要求喜歡研究此門學術的同好者，盡量避免引用這種名詞，讓讀者自我神祕化。我們應該要有現代化的科學觀念來研究它，也只有大家的共識才能提升我們研究的層次，也只有如此才不致於使一些神棍，藉以妖言惑眾。近年來，市面上陸續出版了不少有關超自然現象的讀物，可是每一本幾乎都有靈通、陰陽眼等字眼。有一次，「日本超科學會」的人問我：「什麼叫陰陽眼？」、「天眼通又是什麼？」他說這些名詞會去聯想到鬼怪，而不會去想那是時下最熱門的研究課題——「超心理學」。

先進國家在積極地從基層加以培養超自然能力的人才，透過各種傳播媒體推廣這一方面的知識，以期提升全民的認知，值得作為借鏡。

5 超能力的特徵

地域上的差異

任何人都可以擁有靈力或超能力，可是再進一步觀察研究，不難發現，發揮超能力，多多少少有不同之處。

西方國家科學較發達，在西方國家，常有「靈魂騷動」之念力現象，如：床鋪會浮上，桌椅自行亂動，家具、花瓶互碰等現象。這些情形，在亞洲國家來說，除了電影之外，並沒有實際狀況。

又像菲律賓之深山有心靈手術之能力，也就是不用外科手術刀，用空手直接在患者的患部，手指頭如同一把手術刀一樣，插進患者的肉體裡，取出各種惡性的腫瘤。可是在日本、韓國、中國等一帶卻不多見。在印度，常聽到輪迴轉世之事實，在別的國家地區卻比較少。

對於這種差異，我個人認為，那些西方國家之「靈魂騷動」，在亞洲國家地區為什麼少見的原因，是因為兩者生活方式之差異而來的。東北亞、東南亞地區，是溫帶、或亞熱帶的氣候，這些地區整年常降雨、土質肥沃，大家都過著農耕生活。這些地區的人，都依靠天候的變化而生活，融合於自然，而與自然界共存。因此，一提到食物，都是植物性，含有多種纖維的蔬菜，而且還大量地吃，腸胃方面就要有相當的負荷量，所以胃腸的活動也會活潑起來。

在西方，尤其歐洲各國，其土地較差。像在德國，到處都有冰河的痕跡。荒地多，其唯一的農作物，只是蕃薯和馬鈴薯而已。那些阿拉伯、埃及等沙漠的國家，只有畜牧業而已，住民都是遊牧民族、狩獵民族，追逐野生動物過日子。畜牧生活的人，骨骼和心臟比較發達，因為人體四肢的骨架和心臟，若不強壯的話，是無法追捕動物的。

生活形態上的差異

亞洲和歐洲、中東國家，有這樣不同的生活方式，幾乎從古代開始一直延續了很長的歷史背景。由此人們的超能力，自然就會不一樣。這件事情，實際上也沒有什麼奇怪，而是個必然的情形。

亞洲居住的地區，以植物為食，使胃腸負荷量增加，為了應付消化器的功能，在肚臍的地方稱作「瑪尼拉普・恰可拉」的宇宙生命能源集中部分的活動力，自然強盛起來。人體的這個部位，如果有了相當的能源，自然能看到遠處數萬公里的地方，也可以預測未來。這也就是說，為什麼亞洲地區，預言者或透視能力的人，會比西方多的原因。

另一方面，必須要長時間步行或跑走在山嶺、原野的那些歐洲人，他們必須要堅強的心臟活動力，很自然地，應付心臟部位之胸口中心稱作「安那哈達・恰可拉」的部位容易增強。這個部位的恰可拉，如果能把它的能力強化起來，自然就旺盛了。因此他們擅長於念力的超能力者較多。

我們經常看到西洋片中，出現花瓶自動飛行或玻璃窗戶自己破碎的那些鏡頭，都屬於「念力」的能力顯現出來的情形。這一類的現象，絕非只是電影上的鏡頭，是千真萬確的事實。

不管是應付消化器官或心臟部分之恰可拉，任何一部位一經強化，他的超能力之性質也隨著不同。這些恰可拉是肉眼看不到的，它是存在於次元（六次元）。生活方式之不同，也可以在宗教或科學的興盛上，產生不同層次之超能力性質。同樣是宗教，基督教與東方的佛教、道教、回教等，人們對之信仰的程度，也會影響超能力之性質及發展。

心靈治療

懂得心靈治療或心靈手術的人，多數出現在未開化之地域，交通不便，人們貧窮而幾乎仍過著古老甚至原始的生活，當然沒有文明的醫學處方之救治方法。

在一個環境條件極惡劣的地方，人們容易生病，也會受傷，各種病菌易於滋生蔓延，在這種情況下，祈求信仰之神靈是很自然的行為。當然在這種求好心切的狀況下，許多人希望能借助神之力量，醫好因病痛苦的人。人們為了需要，依一些咒語配合個人之信心及幻想力，接通了地磁與高次元之能量，轉換並加上巫術之方法去醫治病痛的人，當然也會有醫好成功的案例。這一方面的能力，在印度、菲律賓及印尼等國家特別多。

超能力現象

很多人都想了解，既然超能力每個人都擁有它，只要是生物，一生下來就有這種能力，那麼究竟會在什麼時候出現呢？這要分兩種情況來說明。

第一是在十萬火急的時候，會瞬間發出能力，比方說，火燒迫近眉間、水淹浸到脖子上的時候。另外，憎恨一個人，達到咬牙切齒，或者對於某個事物，在情緒上已達到忍無可忍的極限的時候。

第二種可以說是前面所舉的例子的相反情形。一個人發困愣住的狀態中，或者極度的精神疲勞，想睡覺而無法控制的時候。意識活動減弱，身體處在不安的狀態時，這種狀態好像淺眠的時期。一般睡覺是入眠期、輕眠期、初眠期、中等睡眠期、深睡時期及逆說睡眠期等階段。在睡眠期中，這種階段，會不斷地重複。舉例來說，一夜睡眠八個小時，睡眠是：時有淺、時有熟睡，會有數回的重覆。

在這裡，與超能力最有關係的是逆說睡眠期的階段。當事人雖然閉著眼睛，可是眼球卻在眼瞼裡不停地轉動，有不規則之運動；腦波也顯示與睡前同樣的形狀；心臟之活動，也出現不規則之運動；呼吸也不規則，皮膚的電流也難以流出。意識半覺狀態，身體方面都在不安定的狀態，這個時期叫做逆說睡眠期。

在美國、英國及法國盛傳著一本書，書名為《超能力入門》，這本書是由兩位專門研究超能力的學者共同著作，內容有「測驗你的超能力素質」，這本書不因內容高深而影響暢銷的情形。過去有關超能力的入門書，大部分只是敘述一些超能力的現象，這本書卻沒有現象的描寫，純根據實驗統計、評價方法，在最後一章還介紹超能力測驗的電腦程序。在這本書裡，發現對於「在什麼時候超能力才會出現」的看法，略有不同的見解。可是本人仍堅持前述兩種情況，因為是我個人的實際經驗及做了數百人的個案統計下來的。

對於到底有沒有超能力的爭執，是毫無意義的，最重要的是要有合理的證據。你說你的身上有觀音或濟公活佛附身，可是那只有你本人說，別人並沒有看到，你不能以你有靈氣、而別人沒有這個靈氣為由，搪塞別人的看法，這是非常不合乎邏輯而不切實際的。我們要有合理的證據，這是我一再強調的。同時，本書擁有充分又專門性的探討，適合一般大眾閱讀。

6 開發超能力

超能力之能源

佛教密宗所傳之「法」，即是靈力開發的技術。末法時期的人，大多數其生命與生活均依靠物質，而輕視依靠精神的領域，逐漸變成了重視功利及重視現實的人。僅憑宗教教義是不能及時醒悟收效，而使人發生自律自戒的精神，更無法進而救人了。例如，眼看著溺水的孩童想救他，可惜不懂水性，不懂得游泳，更不知道水中急救法，並且四周無人，在這緊要關頭，只有眼巴巴地看著那個孩子淹死了。

產生超能力的能源是什麼？從什麼地方引發出來的呢？這個能源當然是從本身所具有的「靈」引發出來的。「靈」棲宿於五臟各部位，當然發生靈力的原動力，也就是由這裡開發出來的。上說各部位為靈力總機關亦不為過，這個總機關共有十處，每一部分都蘊藏著不同而豐富的能源與力量。其中有五個部分較為容易應用，引燃能源發射靈力。平常筆者所遇到或聽說，具有這一類能力的人，據我個人判斷，他們所運用引發的力量，僅三種或四種而已。若能超過五種，甚至達到十種的靈力，那可以說真是「難能可貴」。

有一些練內功的人，也想獲得此種能力，認為這些部位的功力與內功，似有相同之處，但經過長時間的練習，仍不見有效果，而感到失望。有些人就向我問個究竟，當然筆者只是依個人的見解回答他們。

在這一方面的開發程序及過程，雖然與內功的訓練方式有些相似的地方，但仍有許多迥然不同之點。例如，有些人長年臥病在床，當他病體復原之後，突然感到本身具有某種超常現象的能力。有些孩子在長年的病床上，竟會在一夜之間有了異樣，以前認為最難的數學題，現在卻只用「心算」即可算得出來。還有些外表看起來斯斯文文、弱不禁風的人，經過開發及修練，竟也同樣地獲得這種能力。有些小孩一練，立即就有了預期的效果。因此，要開發此種能力，要看他先天的條件及後天成長中的各種體內的客觀因素來決定，不一定是根據體格外形的強壯與否來衡量的。

體內的甲狀腺或荷爾蒙、內分泌及各機臟不健全的時候，怎麼樣練習都是徒勞無功的。這好像一間房屋的外表，粉刷得富麗堂皇，裡面所有卻都是些腐爛的建築材料，是無法撐得住這間房屋，道理是一樣的。相反地，房屋外表雖不雅觀，但所用的建築材料都是結實耐用，這樣的房屋當然是可以支持得住的。所以，如果你發現身體內部有欠健全的時候，首先應使它們健全後，再來開發這種能力。

上面所指人體的五個部分是：頭頂、喉嚨、肚臍、胸部、腎臟。

五個靈源的性質

人類都在天地間之「五行」——木、火、土、金、水等環境之中生存，而這「五行」又分別與自然的形象八卦有關聯。那麼前述五個部位，也就與「五行」、「八卦」形成整體的威力。此五個部位，除了你本身具有內在的靈力外，還揉合了客觀的五行及八卦之威力在內，開發這種非內非外、內外一元的潛在能力，才可以獲得「超能」。

為了容易分辨及認識，略述五個靈源部位的內涵五行、潛力八卦以及威力性質如下：

1 **頭部（太陽穴、眼、前額）**：五行屬木；為震、巽卦；可超越時間和空間，具有能操縱萬物的超常靈力。

2 **喉嚨（腦下垂體）**：五行屬火；離卦；洞悉人心之動向，並具有遠知之超常靈力。

3 **肚臍（腹部、脾）**：五行屬土；艮、坤卦；能發出強烈念波，統御身體各部組織，洞察疾病，可治他人之病。

4 **胸部（心臟、胸腺）**；五行屬金；乾、兌卦；精神感應，可溝通心靈之超常靈力。

5 **腰部（腎臟、性腺）**：五行屬水；坎卦；增進健康和精力，並有足夠耐性之超常靈力。

五個靈源的特色

了解靈源的性質之後，進一步應該探討它的特色。從這些部位中發射出去的靈力，除了上述的威力外，必具有特殊代表性的威力存在。從我們身體中，可誘導發射的共有十個部位，經過研究而獲得靈力的中、外人士的實際體驗紀

＊五個靈源：頭部（太陽穴、眼、前額）、喉嚨（腦下垂體）、肚臍（腹部、脾）、胸部（心臟、胸腺）、腰部（腎臟、性腺）。

錄中，每一個靈源部位的訓練，達到能實際運用，而其所耗費的時間，平均至少要六個月，才能見效。當然，依其個人的先天條件，及身體內五臟六腑的狀況而有差異。有的人不需要六個月，即可有預期的效果；但有些人卻要費八個月，甚至一年以上的時間不等；如將十個靈源部位的訓練時間加起來，至少也要五年以上。

人生平均以七十歲來算，自出生經嬰兒、兒童、青少年時期，就得去掉十八年，而這個時間都在求學，再扣除了睡眠、吃飯、生病、活動等時間，實在剩不了多少時間了。到了青年、中年，則為了事業、生活忙碌，無暇訓練。就是有時間訓練，亦是斷斷續續，徒增疲勞，不但毫無幫助，且對靈力減少了原有之興趣，繼而失去信心。當然容或有一些人，能夠排除萬難，練成了一種靈力的時候，差不多已近於夕陽黃昏了。

說句最現實的話：訓練超能力，是希望藉它的威力，用之於個人身心健全、家庭的幸福，及人際關係或事業進展上面。這種想法，似乎有一點現實功利的觀念，但如站在社會、國家的立場而言，一個身心健全的人，當然會有助於社會的發展、國家的繁榮，起碼他不會是社會「包袱」。若一個身心有缺失的人，對這個社會、國家，當無任何益處可尋。目前，一般好奇的年輕人，千方百計地想獲得這靈力的開發，不是走火入魔，就想用以「濟惡」，不是方法偏邪，即是心念不正，既無益於國家，又無益於自己。

因此，筆者從這個十種靈源中，認為平時容易訓練，還能不費很多的時間，可習到的部位靈力，選出五個靈源，而誘導威勢，以供讀者研究訓練。這五個靈源部位，就足夠讓你受用不盡，以一句俗語「經濟實惠」來形容，讀者一定會同意的。為了強調這五個靈源部位所隱藏的特色，分別提列於左：

1 **頭部**：可以啟發靈氣體，脫離肉體而超越物質世界，並與第四次元之靈界溝通思想。

2 **喉嚨**：能達到順風耳的境界，隨心能聽到自然界一切動向及遠方行人之情形。

3 **肚臍及丹田**：能增強肝臟機能，發射氣團，保護身體。

4 **胸部**：發射念波，堅固本身的思想，不被他物之侵襲，並且可使他人建立信心。

5 **腰部及性腺**：可保持元氣不衰，精力充沛之威力。

＊呼吸中的氣體交換

呼吸在引發超能程序中，是個重要的開始。在一般人體生理中，呼吸的目的為氣體的交換，將氧引進肺部，而經過肺泡膜及毛細血管的管壁輸入血液，隨著血液循環，將氧送至各組織，使細胞能充分地利用它。

在組織間的新陳代謝之一些產物，即由血液運輸至肺部而呈二氧化碳，得以透過肺泡，隨空氣排出體外。在空氣中的氣體有氧、二氧化碳、氮等三種，其中氮為最多，依據醫學上所提的百分比約占七十九％，氧為二十．九六％，二氧化碳僅有萬分之四。

在靈力方面不可缺少的一種火媒就是「氧」，因氧在人體組織內產生燃燒作用，它燃燒醣類、氨基酸及脂酸等，產生能量。在啟發超能力這一方面需要有這個能量，這個能量，即靠呼吸的過程以更換，獲得新鮮又充實的能量。呼吸中，氣體在血液裡面有兩種情況，一個是「物理過程」，另一個則是「化學過程」。前者是溶解於血液，成為「自由氣體」（Free gas）；後者則是氣體與在血液內的物質起化學組合時，即成為「束縛氣體」（Bound Gas）。在呼吸總量中，除自由氣體外，其他均為束縛氣體。

根據筆者的經驗統計，一個人的超能力是在這個自由氣體的產生瞬間構成的，因此，呼吸系統必須要有適度的「人為控制」。這個「人為控制」就是依當時的意念、意願構成中心思想，也就是你所想像的事情或人物等藍圖，極力排除雜念，在呼氣後不隨即呼吸，而將氣以意志的想像圖，也可以說「心圖」，存於丹田，然後控制它，以慢速度徐徐地吐出體外。這種動作主要的是在統一精神，集中你的意願題綱。按生理現象來說，這種看法，雖然牽強了點，但不是過於離譜的理論。

*「新陳代謝」可加速豐富的感應能力

前面所提的呼吸，也就是促進「新陳代謝」的具體方法。所謂「新陳代謝」是人體的原生質，具有相續不斷的更新作用，這個原生質也就是指「構成人體甚至其他生物本體的原料」而言，它時時分解本身之物質以發生能量，另一方面攝取外界之物質補充消耗。這一種物質與能量之轉變，在生理學上稱之為「新陳代謝」。

今天的生理學家對於物質與能量的轉變過程，發現有著深奧之化學及物理上之學理，而分成醣類、蛋白質、脂肪等三大類為主要代謝之基點。

醣類是經過單糖吸入血液轉變為葡萄糖，分別供應身體各組織應用。葡萄糖在營養價值上是「熱量」，在超能現象的動力是不可缺少的東西。蛋白質則與脂肪分解轉變為「能量」作用。這些熱量、能量，自然是引起生理上的感應性的樞紐，「感應性」即原生質受了環境之刺激而起興奮狀態之謂。

各種有生命體之原生質，其感應性具有不同程度與性質，有些神經細胞之感應特強的生物，常有超常的感受現象。各種原生質興奮反應之表現方式亦各不同，如肌肉細胞興奮時即行收縮，腺細胞興奮時即行分泌，且興奮時均有電流傾向的電位變化。這個熱量、能量、電位等三種，就使超能力從隱伏處引至體外，產生驚人的感應能力。

＊內分泌腺體是促進超能的一般力量

超能的流露，由「呼吸」的開端，經過「新陳代謝」塑成超常氣團，內分泌腺體把這個氣團，隨著意念構製成無形的力量，這個意念，是隨著通至高次元界的念圈發射出來的。

這種說法似乎沒有根據，也是當今科學家、心理學家所無法接受的論論。筆者非醫學專家，又不是什麼科學或心理學家，無法提出有力的事實與這些專家們對論研究，但憑個人的體驗，發現當一個人緊張或情緒上有了劇變的時候，唾液就不斷地經過喉嚨一直湧上來。另外一種現象也是從體驗中得的情形是：當集中了精神，加強了念力，排除雜念，使某物移動而產生了物理現象的時候，身體就一直在冒汗，可是這個時候所滲出來的汗水，幾乎近於冷汗一般的感受。還有，看到一些施催眠及被催眠者，他們都有類似的現象。當然這種道理，在一般的醫學家來說，只不過是普通一般的生理狀態，是不值得一提的小常識，可是我的看法卻不然，其中必有另一種理由。在冥冥之大宇宙中，好像給生物留有一絲射的「能液」。

內分泌腺體首先要提的是甲狀腺，它形如盾甲，位於氣管上端之兩旁，由無數的小囊組合而成，小囊壁為一層方形之上皮細胞，囊中有上皮細胞所分泌的激素之膠狀物體，這個「激素」就是引發超能的動源，隨著你的呼吸及排除雜念之動、靜情形，它就一湧而上，發揮無限的促動能力。這些小囊中有許多毛細管，使小囊中之激素可隨時滲入，而透過毛細管，進入血液循環。

甲狀腺之分泌物稱為甲狀腺素，其成分中重要部分為碘，人由食物中攝取碘，一部分為甲狀腺利用製造激素。甲狀腺素之效能，可促進蛋白質之分解，促進醣類與脂肪之氧化，並增加「熱能」促進組織之活動，這個熱能亦是引發超能的要塞，等於引擎的作用。

另外，副甲狀腺、腦下腺、腎上腺、胰島腺及生殖腺等，都有連帶關係，並影響那五個靈源——頭頂、喉嚨、肚臍、胸部及腎臟，是我們生命環帶上的能庫。

靜坐

在平時，我們經常聽到老師在課堂對同學們說要「虛心」聽講；在運動場上，經常聽到教練對那些參加競賽的選手們說「不要緊張」、盡量「放鬆」；醫生向病人說心情要「靜下來」等話語。這些表面上聽起來，並無什麼突出之處，只不過是一般的鼓勵或規勉而帶有安慰情緒上的話。可是在這裡面，雖有不同的字句或語氣，但歸納起來，只有一個意義，那便是「靜」，證明了人們在平常的生活中，體會了其中的價值，而藉以運用於人際或處事方面。

在緊急中，如火災，一慌張反而無法脫身，凡事必須要沉著，至於這個沉住氣，亦是強調一個人必須持「靜」，方能應付種種問題。如虛心、放鬆心情、三思而行等，都是說明「靜」的價值。有了寧靜，即產生機智；有了靜，就有一股勇氣。「靜」帶給你許多好處。

一個人的肉體，保持適當寧靜的時候，你本身的靈即會抬頭，發射「靈波」，處理當前的難題。發生車禍，大都是由於控制不住那急忙性子，硬闖紅燈或急趕超車所造成的，這些原因，多半為靜不下的心，所惹出來的災禍。

密宗裡的靈力發射，是以靜態中的「靜」，來牽制自己的肉體，而溢發靈氣，加以運用。萬物始於「靜」，可見「靜」是何等的重要。一談到「靜」就能聯想到「靜坐」的功效，近年來各國都不斷地研究這一方面的奧祕。筆者也

＊一個人必須持「靜」，方能應付種種問題。寧靜生機智、有勇氣。保持適當寧靜，你的靈即會抬頭，發射「靈波」，處理當前的難題。

曾經聽說過，有位在郵局工作的郵務人員得了胃癌，在絕望之餘，每天吃鳳梨，靜坐了三個月，精神逐漸轉好，一年之後到台大醫院檢查，發現胃的那些癌細胞已無擴散現象。

究竟「靜坐」是否在治療癌症方面有奇蹟般的功力？到目前為止，尚不能有確實的明證，不過西醫們都認為「靜坐」對於自我穩定精神，對於一些慢性的疾病病人來說，應該是有好處的。佛教的「禪定」，道士的「打坐」，甚至於教會裡的禱告，回教的齋期、僻靜，都屬於靜坐的範圍。儘管如此，「靜坐」也不一定有宗教信仰者始可入門，它的方法頗多，因為它是一種運用心靈的技術。

目前在全世界流行的「靜」有三種方式，第一種為禪宗的禪定，第二種為瑜伽，第三種為超覺靜坐。據在這一方面的許多師父表示，若沒有明師在旁指導，有時反而為害無窮，尤其如果為了好奇而練「靜坐」，容易「走火入魔」，其原因為：難免有自陷於幻境而不願自拔，造成不良的後果。

瑜伽（yoga）的「靜」特別注意修練期間的飲食問題，那就是要「素食」。他們認為素食有助於靜坐的進展，所以避免吃肉、魚、蛋、洋蔥、菇類、酒、麻醉性的食物等，因這些食物可使人產生粗魯、懶惰及慾念等現象，而成為修練者的障礙，難以做到心靈上的超越。

瑜伽以各式各樣的動物姿勢作為突破，甚至超越肉體所約束的意識，因此，他們在修練的時候，其姿勢體位有如「眼鏡蛇」、「蚱蜢」、「青蛙」、「兔子」等姿態，由這些動作來刺激腺體、肌肉及脈輪，使身體機能恢復常態、去除病痛。在瑜伽靜坐中也有像禪定的蓮花座、盤足坐法等姿勢。在修練的時候，擔任指導的老師在旁邊念梵音，利用這個梵音的音波，揉合於自己的意念之中，最後達到「至上意識」的境界。

「超覺靜坐」（Tran Scendental Meditation）簡稱為「TM」，這個靜坐方法在美國極為風行，台灣也有很多人修練此法。它的特點是相當「現代化」，坐姿沒有一定的方式，修練過程並沒那麼呆板，但基本上的最終目的仍與禪定、瑜伽的意義是相同的。

在密宗裡的靈力開發，即「靜坐」為首要之基本方法。靜坐在佛教，是占極為重要的部分，用佛教的術語來說就是「禪定」。在戒律之後，依靜坐來定本身元神之真潔及安定，進而與高級靈溝通思想，了解宇宙的真理。

密宗的靜坐，是自我排除雜念，統一精神；而在靈力各部分，隨著各所具有的威力，憑呼吸移氣通脈，誘導靈力顯露於外。

例如，此刻你需要知道遠方的消息，你即在靜坐中，隨著一呼一吸，統一精神，漸漸地把「精神」、「氣」，移至喉嚨部位，因這個部位，就是能達到「順風耳」的能力，隨心能聽到自然界一切動向，及遠方行人之情形。經過了這一道順序，立即能產生這個靈力。但各位讀者，必須要留意的一點就是：並非一練即成，須經過一段時間的修練，並持之以恆。以無雜的誠心始可獲得，為一個重要的因素。

在一般人的觀念中，因為靜坐有「坐」字，而認為要做靜的修練，若非坐著，不能稱為靜坐人定。實際上當你練成以後，站著或背靠樹木納涼的時候，亦照樣可因「靜」而發出靈力的。在一輛擁擠的公車上，手拉著吊環，也同樣可以做「靜」的修練。當然初次訓練的時候，能有一個幽靜的環境，可容於靜坐，仍以坐姿來修練，較為合適。一旦練成，無論在何時、何地、何種姿勢，均可湧出無限的靈力。

說到這裡，讀者必定急於了解，究竟要怎麼修練呢？這是有一番順序、方法及技巧的。若依密宗方式進行修練，恐怕難以達到理想，第一時間不允許，第二沒有那種環境可容你去修練。實際上在現代的緊張生活中，是定不下心來，無法持久去做的。這並非說你沒有耐心，因為現實的生活，逼你中途暫擱下來。當你修練到一半的時候，為了職業上的原因，你可能到遠方出差，商人則為了辦貨又要出城，學生們即要趕寫週記及作業等等，現實的生活，總是現實的。我們不能不顧眼前的生活，而一個人關起門來猛練，倘若明天吃飯都成問題的時候，你還有這個閒心去修練嗎？

現在已非農業時代而是工業時代，不要弄得工夫還沒學成，卻遭到生意的失敗；學生課業沒做好，成績大減而留級。都為本身的事業、職務或升學而忙，怎麼可能有這個時間去修練哪！還加上在生活中所帶來的許多雜事，都足以使你無法順利的修練。

在宗教上，認為在世的人，都是繫於「業力」而生存的。假如能突破這個「業債」，而即時修練，那可說是最理想不過的了。筆者寫這本書的用意，是不要經過那煩雜的手續，而又不耽誤公事、私事，更不會影響你的休閒時間，並且還能藉以修練，增加體力等等的效率，是以「竅門」的形態，提供各位讀者練習，為主要目的。

靜坐的效力

一般而言，靜坐的意義，是求整個軀殼鬆弛、緩和內部的機臟等各部位，在「靜氣」逐漸增強精神力，進而藉這個精神的力量，啟發靈力的境域。

在靜坐中，令人感到最明顯的現象是血脈的流暢及脈搏的跳動，心臟的活動會隨著緩慢，血壓亦會漸漸地降低。實際上這個狀況當然是因人而異，有的人能立即進入情況，但有些人卻速度較慢。這種現象，大約都需要花一個月的時間，目的是誘導本身的「靈」抬頭，這個「靈」也就是道家所說的「元神」。

另一個明顯的感受是：正在產生精神力的時候，在頭部會耀出一道光芒。這個地方是眉間的部分，相學上是稱印堂，在宗教中叫靈眼。這一道光芒的出現，如具有靈眼能力的人，是毫無問題地可以看到的，一般人的肉眼是不容易發現的。

在一般人進行靜坐入定時，於閉著的肉眼中，會產生許多顏色，閃爍不定的晶光體，構成許多方塊或多角形狀的星星模樣，由小而慢慢地擴大，猶如置身小說或卡通故事中的奇異世界，美不勝收。

為什麼會有這種現象呢？撇開醫學、生理上的論點，依靈的境界觀點，那應該是由於你的精神上升，所看到的正是自己本身的靈光，也就是你的身體所發出來的光線。有些人始終認為是一種精神幻想所產生的心理現象，但什麼會促使你有這種現象呢？這應該是你本身的「靈」使你產生這種現象的。雖然你的兩隻眼睛，因那一層眼皮蓋住了視線，但仍然透過眼皮，可以看到一些現象，是自然的情形。

當各種奇形的晶光物體，縮小而集成一光芒的焦點的時候，你的靜坐才算踏上了第一梯階而有了效果，繼之毫無困難地達到統一精神的途徑。

走火入魔

多年來由於不斷地發生了科學所不能解釋的事情，例如不明飛行物、百慕達三角洲的那些神祕事件，加上歐美各國的科幻影集，如星際大戰、二〇〇一年、隱形人等，使得在這個時候的人們陷入了好奇的境界，也說明了本世紀，正是與宇宙更進一步地靠近了。

本來冥界（即指第四次元以上的次元層）是不願生靈（人類）知道這一類的事，應該要忘掉你誕生在這個世界以前的事。可是由於人們的心不定，隨著有許多低級靈的騷擾，使得人們在這騷擾中，獲知了自己的「我」，而發現了自己擁有的力量，那是肉眼所看不到的超能力。

超能力即是天機中的天機，按照次元界的道理而言，人類最好是個只相信在現有肉體所產生的各種機能的範圍內去察覺、感受即可，不需要去了解超越自己肉體五官的事情，也就是要人類依肉體感官去生活罷了。因此，許多人反對靈魂之說法，更不相信超能的事，不相信的人才是正常，也正合於冥界的意思。這也可以說，是高次元的靈界對於三次元的地上人，實施愚民政策。

可是二十世紀以來，人們卻互相背叛、自私，國與國之間也不講道義，天下滔滔，過分沉醉於物質生活而遺忘了人本位的道德觀念。氣體中充滿了污染的塵埃，於是人們突破了這個天機層次，想獲得原有的力量，那是超越五官以外的力量。這個力量，既為天機，那也說明了不一定是人人都能得到的，要有天賦，要有後天的振盪性的訓練才可以。即或小有所成，那也只能獲得微不足道的「一偏」超能而已。

現在人類依循兩條道路揭發宇宙的奧祕，一條是依「物理科學」的研究，藉以突破太空，去探測太陽系裡的星球；另一條則依「精神科學」，從宗教、靈學去探知三次元（物質世界）以外的精神領域。

但時代似逢劫數，宇宙也像漸漸地隱藏不住「天機」了，在世界各角落出現了各種靈通的人，甚至據稱還有不經訓練就有此靈力的人，為人靈療、解厄，不分東西，不分老少，這種情形帶給世人一大刺激。於是找回以前的瑜伽，和那些曾經被認為是種邪術的，如今都一一被提出來應用，一窩蜂地成為熱潮，拚命練習靜坐或做古典祕方式的訓練，自覺已經得「道」，可知過去未來，也可以與靈界溝通，甚至還認為自己是什麼靈界或更高次元的神佛轉世，包括那些靈媒、巫師、乩童等等先後出籠。

目前較多的，是以能與靈界交通的為主。究竟是否真的看到了什麼亡魂嗎？真的那些神會降下附在身上嗎？憑什麼呢？那些靈魂隨便就會物質化，映現在你前面嗎？依照醫學的觀點及生理分析，當一個人執著於某一思想，而超過了腦下腺的分泌，影響中樞神經的控制而鬆懈了腦波，就形成幻想，尤以自我推進陶醉的情緒，潛在意識加速了幻想的奇景，這是一件極危險的事。瘋人、精神病患者，都是受到這種震盪，精神分裂也應該是屬於這個類型。

筆者曾經遇到了一個人，手拿著數支香，走路似乎在躲避什麼人，左邊跑跑、右邊跑跑，並點頭膜拜一下，碰到人就叫人家趕快躲開，接著又再點頭拜一下，這樣在市區鬧街上行走。這是在幾年前的事，巡邏警察為了防備發生意外，看他那神怪的一副樣子，上前問他的時候，這位拿香的人就說：「你們都沒看見嗎？滿街都是亡魂，你看！現在那些亡魂就站在你後面，現在又來了一個站在你左邊，你還不趕緊躲開，好吧！我現在代你向他們拜一拜就可以了。」使得這位警察先生啼笑皆非，馬路上圍觀的人越來越多，最後這位警察先生還得保護他，先把他送到派出所，然後聯絡他的家屬把他帶回去。

依我個人的見解，這位拿香的人，必定是認為自己具有靈眼，而精神上產生了不平衡所導致的，決非瘋子。曾有一位青年，為了練習靜坐，而竟產生了幻覺，說是神仙召他上山去，竟不顧家庭的勸止，獨自在深夜往山上走。為了解決這類事情，到我家裡來商量的那些當事人的親友就有好幾位。這種現象近幾年來發現了不少，並且還有天天增加的趨勢。這也是在這股流潮中，人心不定而無法自主的原因，也可說是認識不夠。

要練習「靜」並非不對，只是需要認識清楚其方法，最重要的，還是要有一位真正的明師在旁指導較為安全。再說，即使修到了某一境界，也不一定人人都能具有靈眼，或看到靈光的。信仰佛教而不知道佛理，不讀經典；信仰天主教、基督教而不看《聖經》也不去禮拜，不聽牧師講道，在盲目的硬闖下所獲得的邪靈能力，也只有走上精神分裂的途徑。各位可以依普通的常識判斷一下，佛陀、耶穌等，豈可讓你隨便一呼就來、一拂就去而聽你差使嗎？

各位應該知道，宇宙間的主神及高級善靈，祂們要幫忙的是有定力、肯努力、有正義感，最主要的是智德雙修的人，對於盲目隨從的人，是不會伸手來引導他的。若按玄理解釋的話，盲從的人極易被一些低級靈所乘，他們自認為看到什麼魂或高級靈甚至神佛等，很可能都是一些低級靈所乘，他們自認為看到什麼魂或高級靈甚至神佛等，很可能都是一些低級靈所偽裝而戲弄你的，實在不能不加小心。

我聽到某一禪師說：「若要練習入定坐禪，最好在佛尊的前面做較為妥當，就是靈魂出竅了，也不致於有危險。」實際上，這倒不一定。易走火入魔的人，是因他心地不淨，雜念叢生，還是同樣地會產生幻覺，那些低級靈一樣可以乘機進入他的軀殼。在佛前修練靜坐，只能說有「依靠」的存在，使你的元神不致於失去信心而已。

總而言之，自己能控制自己的定力及理智的認識，才是第一重要的。本書的目的也就是要大家能有理智的眼光，而給對於超能有興趣的人參考，以免由於心念不淨，瞎修盲練，成了一個不正常而走火入魔的人。

7 靈光現象

人體自發的照明光

在畫家筆下的佛像或耶穌基督像，都描繪一道成圓圈的光芒，彷彿是一頂空心環帽。在一般人的心目中，都認為那是代表至高神聖的象徵，似乎只有佛或神的境界，才有這種光輝。

實際上這叫歐拉（Aura），是每一個人都具有的光芒；經過宗教人士所解釋，那是本人的靈魂之光，只是尊為佛神者，較凡人更顯著地發出金黃色的光芒而已。可是這個光芒，究竟從那裡出來？又有什麼意義呢？迄今仍是個謎，因為它是一般內眼所看不到的，除非通靈的人，具有靈感，始可看見。

中國稱它為「靈光」，日本與西方國家都叫它為「歐拉」。誰能夠證明這個靈光的存在？筆者並非什麼科學家，只是好奇想揭開這個謎底。為了想得到答案，曾問過有關靜電及生物體電氣專家，最後從針灸醫理方面探究出一點眉目來：那是人體的「經穴」中產生出來的亮光。不過這個看法仍然不能肯定，只是作為「有這個可能性」的推測而已。

人的肉體是他靈魂的住所，靈魂才是「真人」，靈魂是在第四次元，用肉眼看不到，是無形的，這個無形的人格，即為光的集合體，這個光即代表你的全部。大多時候，許多名醫，都以這個光度來判斷人的健康狀態、心理的變化情況等。

筆者說過兩件事情。其一，是在德國一家醫院裡忽然停電，一片黑暗，但在牆角看見有發亮的東西在移動，醫生隨即拿手電筒一照，發現有兩個裸體的病人站在那裡。這位醫生開始研究其中道理，發明了測量人體的光度，來診斷病人的病症。其二，日本工學博士發明更精密的儀器，測驗人體的光芒，認為念力使物質移動的原理，係靈光所致。不過電氣學家的研究報告中，指出那是一種電磁波。目前各國的科學家們，都很有興趣探討這個問題。同時在這裡不能不提的是：不但是人類有靈光，其他物體每一樣東西都有光芒，只是強弱之分罷了。

靈光可代表人格

「靈光」，若照筆者的那種固執的淺見：「你即靈魂，而靈魂是無形的，顯而成光，化而為質。光本身是個非固體之物，有強有弱，並無定形，這『光』即是你的集合體。」這種說法，也許有人指為不切實際，但相信總會有人與我共鳴的。

大人與小孩的靈光的大小，自然不同；身體的某部分有缺陷或動過手術，甚至精神上的疲勞，都會現出灰色的光芒；打胎的次數亦可看得出來；還有心存欺騙不正，也會看出來。靈光的研究現在已經進入光色的階段，不過顏色在儀器上不太明顯。據說金、白、紫色為貴，代表著精神領域的高峰，紫色多為一般修行中的人「表色」。

在哲學家的眼光裡，紫色是象徵一個人的修養，已達到能忍而有慈悲之心，和善可親，但傾向消極。藍色代表好追求理想，黃色則象徵理性，淡紅色代表純潔，灰色表示悲觀中隱藏著惡運沾身，深綠色代表滑頭，深紅的顏色表示怒氣，棕色代表私心重，黑色表示病態與死亡，淡綠色是代表這個人一切都能看

＊紫色：慈悲，但傾向消極。
＊藍色：好追求理想。
＊黃色：理性。
＊淡紅色：純潔。
＊深紅色：怒氣。
＊深綠色：滑頭。
＊淡綠色：一切都能看得開。
＊棕色：私心重。
＊黑色：病態與死亡。
＊灰色：悲觀，惡運沾身。

得開的。

所以，靈光它是個最誠實的表現。儘管有人自稱：「我是一個公平無私的人。」但靈光出現棕色的時候，他本身乃是個私心很重的人，那就證明他是口是心非的小人罷了。

靈光的光度及顏色，隨著本人的環境、心情的變化而有不同，昨天是黃色的光芒，但今天由於心情變化影響，可能產生藍色或淡紅色。因此，若要了解一個人，可由靈光觀察其人品的好壞。

光的威力

在宇宙有兩種東西，絕對比人類先有。早在人類還過著原始生活，根本不曉得發明東西的時候，那些劇烈的火山爆發，發揮了「火」的存在力量，而毀壞了地面、地層的結構，氣象的變化，產生了閃電而引起大火災。跟著火同時出現的乃是「光」。但是一般人俗稱「火光」，「火光」似乎是先說「火」而後才接上「光」字，在感覺上火早於光出現，可是根據《聖經》的說法，上帝是先造「光」之後，才造人。《聖經》上所說的，筆者認為非常正確，《聖經》

是以大自然的一切，做了無限的統計、再統計，所體會出來的真理。

因此，光與人應是一體，光使萬物煥生，所有的一切，凡是在地球上面的東西，不管是能動或是靜態的物體，都有一層光包圍著。若沒有光即滅亡，尤其人類沒有靈光即告死亡，靈光在保護你的肉身，靈光微弱即身體衰弱、抵抗力減少。

我從前常到醫院看那些嬰兒房，有幾十個的嬰兒在一個房間，其自然產生的靈光非常鮮明。實際上，只要稍微穩住氣，先閉上眼睛作深呼吸，在丹田充滿定力時，兩手輕壓下腹，一般人的肉眼，都能發覺有一層金黃或白色的光圍在每一嬰兒肉身周圍。

在醫院的嬰兒房所以能特別顯著、看得出來，那是因為嬰兒多，自然因光的集合體，形成大的光團。倘若把燈光熄滅，而靜靜坐在房間的一角，眼睛半閉凝視，可能察覺得出來，其中必有數個嬰兒的靈光，特別旺盛，這與佛教所說的前世因果有關。隨著歲月，嬰兒慢慢成長，而其心情、環境的變化，靈光就開始變色，若能一直保持原有的白色、金黃色，那是最佳不過了。

依據光學原理，光若與電磁相乘，即能產生動力。那麼我們發出來的念力，其念波與身上的靈光相乘，集中於手指頭並指著物體加強心念，可能產生物理現象；因為任何物體本身都具有光，加上人的靈光，人的念波帶磁性，而引起相輔相成，甚者足使物體移動。這種靈光、磁性的念波轉移，人類若為某一目標而運用的話，必見可期待的效果。

若是我們將此運用於一個浪子身上，時常以此感應，久而久之，必會回頭改過自新的。雖然使用這種現象的能力，並非每一個人都能做得到，可是在一句「天下無難事，只怕有心人」的銘言之下，你的動機若是至善的話，應該是沒有問題的。何況每一個人，天生就具有這種能源，筆者相信，有朝一日可以辦得到的。當然後天的耐力、念力的強弱影響其效果，是不可避免的。

以上的論調，都是筆者個人的淺見，是否合乎邏輯，當然值得檢討，可能讀者認為是個幼稚的想法，不過對於「光」所具有的威力，是不能否認的。

強化靈光

巴西有一位著名的心靈醫師亞里可，他以本身的靈光，透過兩手的指尖上，再藉著他那一對靈眼，察看患者的靈光的光度、性質，診斷其病症，給予治療，其效力達到百分之百。近年來類似這種靈醫，在世界各地都陸陸續續出現。能察覺一個人的靈光，雖然不是簡單事情，可是這並不是天生就具有第三眼，即所謂有靈眼的那些人的專利品。普通一般人，也可依後天的訓練及培養，獲得這種能力。

不過在這裡，為了滿足讀者之好奇，先行提供一個方法如下：

於早晨五點至六點之間，信奉基督教者，作禱告感謝上帝之恩惠，佛教徒則燒香敬拜。然後尋找一處較暗的一角，靜靜坐下來，心則排除雜念，兩手用力握緊拳頭，交叉於胸前，使力量灌輸於手指頭上，慢慢集中手指尖上，兩手的十個手指併伸於暗處，用半閉之兩眼注視，這樣可以看出來自己的靈光顏色。

在筆者的朋友當中，有許多經過上述的方法加以練習之後，有好多位表示他看見了。可是也有每天照做，持續一個月甚至數個月之後才看得出來。像這樣子練習之後，慢慢地也能觀察別人的靈光。不過在這裡要補充說明的是，當你五個手指頭一伸直之後，隨即要徐徐地放掉力量始可看得到。

知道了自己的靈光的光度之後，加強靈光的感應強度及增廣它的幅度，是重要的一環。心靈醫師能為人治療，像尤里凱拉（以色列人，後文有介紹）的

＊看自己靈光顏色的方法：早晨五至六點之間，禱告感謝或燒香敬拜。在較暗的一角靜靜坐下，心排除雜念，兩手用力握緊拳頭，交叉於胸前，使力量灌輸於手指頭上，慢慢集中手指尖上，十指併伸於暗處，用半閉之兩眼注視。

念力物理現象，或多或少都與「藉靈光的相乘力量」有密切的關係。

靈光的總機關是在後腦部，當你作深呼吸之後，立即停氣同時咬緊牙齒的時候，力量自然移至後惱，然後在後腦的力量緩緩灌輸兩隻手的手指尖，以此不斷地練習，以便增加靈光的強度。

有一個問題必須要提一下，就是靈光的強化有輕重之現象。靈光並非兩手同時能強化，雖然是同一個步驟，兩手同時進行修練，可是卻往往是單手形態。有的時候左手先有強度，右手則無任何進展；過一陣子再經過練習，效果卻發生在右手，左手則全無動靜。若要訓練至雙手均有強度，就必須要費一段時間，那就看你的耐性來決定。世界上的事物沒有不勞而獲的，何況這種能力，當然也可以說是個宇宙的天機，除非第四元或更高的次元界，基於某一因果，賜給你天生的能力之外，其他的人，是無權去享受的。

我們是為了能善意地運用它而探討這個奧祕，如同電視上的那位妙賊，俏皮像孩子一樣，以巧取的方法獲得這個能力。所以筆者希望大家在練習之前，先向佛尊敬拜以虔誠之心，發廣大之願，為救己救人，然後再進行練習，才不至走入邪途。

所謂靈醫就是用這種強烈的靈光之手，放在病人的患部，而病人的靈光一被接觸，隨即提升起來與之結合，再加以醫者的念力，病人的疾病，隨即好轉。

根據心靈科學原理，每一個人的病，都不是真正的病，也就是肉身上的一切故障並非病源，真正的病是靈魂的病，通稱靈病。靈才是原因，既是醫病，就應該用「靈光」來充電醫治。

第二部　念力

8 念力是什麼？

看不見的精神力量

當發明家愛迪生發明電燈成功的時候，曾經在一個慶祝會上說過：「我的發明，只是依靠想像力而不斷地繪製『心畫』累積起來的。」從這一句話裡，不難發現，那個「心畫」便是「念力」的描寫。

在前面說過，超能力並非特殊的人所擁有，而是人人都具有的潛在力量，只是你信不信而已。既然「超能」是人人都有的，那麼「念力」當然也是每個人都具有的威力。

「念力」在宗教來說，就是一種精神力量。古人說「精誠所至，金石為開」，這也是在說明心力的權威、信心的力量。有了「信」，就自然產生念波，這個波就是力量，這個力量，即具有磁鐵一般的強力，不管什麼事情，不問距離遠近，都能發生作用。甚至可使物體移動。因此倘若一個人沒有信心，精神力無法集中，念力自然就無法發揮了。

以「信」解「迷」

許多發明家對於事物，首先著了「迷」，繼而陷入「謎」一樣的疑難。為了解開這個「謎」，就必須向疑難挑戰，不惜一切的代價，埋頭研究，假設了許多可能的事實，投下了自己的精神及時間，憑著有恆的信心，不斷地求證，最後獲得了「事」和「理」的印證，而完成了他的發明。

這個道理，不僅在發明方面如此，對於其他事物也是同樣的。如藝術家、音樂家、政治家等等，都是對他們醉心的事物先著了「迷」，繼而專心不移地追求那個目標，才得到非凡的成就。

所以，「迷信」這兩個字，不能只依其主觀而抹煞它的價值，一個人先有了「迷」才會認真的。

對於超能的現象，既然各國都在爭先研究，我們可以肯定它是存在的。

何況世界各國，都陸陸續續地出現擁有超能的人，因而證實這個超能是每一個人生來都具有的潛在能力。但是倘若你是傾向於唯物論者，不妨靜靜地想一想，那物質性的肉體的腦細胞所分泌的分泌物的觀念。

現在的你，好像是一個隨著你過去所描繪的劇本所製成的影片搬上銀幕，生到人世間來。而這個影片，是相當精緻的、立體的五官影片，以致使你感覺到，好像真正在那裡了。真實的你，並不是那個肉體，乃是居於四次元世界裡面操縱著肉體的存在，你這個肉體只是個工具。

我們可以時常閉著眼，在靜肅中，加以研究其道理，來啟發超能。筆者深信，不但在理論上、在實感上，你在寧靜中，會有如上述這樣的發現。這種理論，似乎偏於宗教意味，但我們應了解，真正的宗教，不但不與科學相矛盾，而且是與科學的終極成一致的。在宗教上那種大徹大悟的境地，在科學上說起來，不外乎是高次元的世界中，真正自我的自覺。

我們之所以要有如此的觀念，目的在請你試一試，你不妨改變一下你有生以來已成習慣的那「唯物的」人生觀，當你微底領悟時，必會開始出現轉好的境遇。若再經過一段磨練，你可能隨時發出念力，將會獲得超常現象，即可改變你以前對宿命論的態度。

時下大家所說的「迷信」，是指盲目的信仰，並不加以研究判斷，而且也不加以苦修體驗，即立刻執意相信，這當然是錯誤的。所以，我們應以理智之頭腦，抱著研究的態度去探討，這才合乎科學，也是應有的求是態度。

念力究竟是什麼力量？

念力是一種信念，而藉強烈的精神意志所產生的超常現象。這種力量，常常在宗教上廣被應用，而獲得無數的奇蹟出現。

基督教的禮拜禱告，也應屬於念力的具體表現，在《聖經》上有許多例子，由於虔誠禱告，挽回了孩子們迷失的心等等，可說是不勝枚舉。

寺廟的吊鐘，經過敲擊而發出的聲音，常使在相隔遙遠的山谷下的住民，都能聽得見，依其敲打的輕重，其聲音傳播遠近各異。物理現象來說，是音波現象，不僅是寺廟裡的吊鐘，任何東西器具，只要是能發出聲響的一切物體，都是以其輕重、音量的情形，產生一種波度。從甲地放置一個大鑼，經過揮棒一打，乙地的人都能聽到，假如甲乙兩地中間有一障礙物，如房屋或樹木，乙地的人的接受情形，自然減弱，可是仍有微波響及乙地的人。筆者曾經在野外露營的時候，試驗過好多次。

前面所提雖然是個物質、實體的情形，但在人類接受方面，亦照樣有著這個波長，發出聲音或在心中默念，而不透過聲帶。無聲的情形，其效果也是一致的。

把「心」認為是心臟的想法，當然很少有人會有這樣愚蠢的觀念；那麼心的本體在哪裡？有人認為那是腦髓細胞分泌的如汗水一般的分泌物，而有「思考」的作用。日本著名的超心理學家，也是知名的電氣博士橋本健表示，人的腦髓細胞達兩百億以上，如想造一個與人腦相當的電子計算機，其體積勢必如東京行政機關所在地的「丸之內」大廈那麼大（相當於兩個中興新村那麼大），它具有龐大的發熱量。

因此筆者認為，一個人不論是發聲或不發聲，無聲的靜態亦同樣可散播驚人的波度。本來一個人的腦波有波長，這個腦波不管是活人也好，死了的人也照樣有腦波。有關這一點，各位讀者必有疑問。經研究，活人的腦部細胞不斷地活躍而經過儀器測驗，根據所顯示出來的曲線指示表，可以了解它的強弱，這是可由目前的醫學證明出來。

至於死了的人，他的腦波是不是仍能存在？筆者的手頭資料尚不能提出具體的證明，但在一本中文版的《讀者文摘選集》中有一篇報導，美國的醫學界曾在多次的臨床實驗裡，發現病者氣絕之後，確定已死亡的死屍上的腦部仍發出微小的波度，但時間並不長。

這種情形的報導，使我聯想到一本屬於結緣品的佛教書籍，書名為《人生最大的一件事》。這本書雖為宗教書，但裡面有以下的敘述：

人是身體與心靈和合而形成，心靈是不滅的，身體是物質，如房舍、如機器，萬物有成住壞空，身體有生老病死。心靈離開了身體，謂之死亡，實在死的是身體，心靈並沒有死。可是，病者的呼吸脈搏停止時，心靈大多不是同時離開身體的。

那麼心靈何時離開身體呢？最快的有馬上離開，最慢的或有延遲一兩天。事實上最快與最慢是極少數，就一般情形來說，大致十二小時，就會出離身體的。又有氣絕之後，數天之內，常有死而復生者，其原因有二：一者，心靈尚未離去；二者，是去而復返的。

以上的說法，目前沒有什麼根據，但既然能在宗教書籍中以結緣品的性質分發在寺院裡，其中必有這一方面的體驗及長久累積傳下來的記事。

從這裡面，至少有一件事可以接得上，就是：死後的腦細胞仍可存留一些時候，那是在活著的時候的腦波震盪所餘的「波射」，拖延至死後的若干時辰，隨著當事人意志的強弱（指臨死前那時候的意志而言），其餘波「波射」時間長短不一。不過這個問題的研究，仍需進一步的探討始能尋出答案。在一般的常識來看，是氣一斷絕，腦細胞亦當呈現靜止狀態，怎麼可能會有腦波呢？這確是值得研究的有趣問題。

「真正的你」為什麼要如此隱晦？

不管是怎麼樣，總之人類的腦細胞，是一座受信機，而真正的「人心」在第四次元，這個「心」也就是真正的你。所以我們在現世生活中，都在互送念波，以淺明的比喻來說，也就是腦波，「念力」便是這個腦波的按扭，能而自動調整速度及音量感應。不過念波的真正實體，是否與腦波有關，迄今仍未判明真相。當你使用念力的時候，由人體發散出來一種「靈磁波」一樣的東西，根據德國的科學研究實驗，這種念波可以貫穿阻止放射線的鉛板。

念力的感應作用

記得在國民六十三年的秋天，因事到東京的時候，日本各地正掀起一股研究「超能」的熱潮，不僅在報紙上刊登專欄，電視上亦有多次的報導及演示，並有許多研究會舉辦的演說。燃起這股熱潮的導火線，主要原因是介紹一位以色列的超能力者——尤里凱拉的事蹟。

據報導，他在三歲的時候，就能透視撲克牌上的各種圖樣；七歲時，對自己腕上的手錶送念力，任意使錶針停止不動，高興的時候，即叫錶針再度地轉動起來。尤氏對於自己的這種能力，始終感到驚奇，父母雖然是個精神分析的學者，但卻無法找出答案。

到了二十一歲入伍從軍，他服役期間在營區裡，常常集中精神，施出「念力」，將金屬用品任意折斷；他還能毫不摸觸任何物品，在遠地可使物體浮動。後來在一次作戰中負傷退役，那時是二十四歲。

隨後遠度美洲，在美國各地的夜總會巡迴表演他的超能力，於是聲名大噪。在表演中，被太空人米契爾所欣賞，為他引進電視台，公開展示了那世紀性的超能力。美國各大學的研究所，也爭先邀請他接受生理或科學性的實驗，以了解他這股不可思議力量的來源及威力限度。雖然到今天，各研究機構都不能有確切的答案，但是他的「超能力」已經成為世界所共知的事實。

尤里凱拉被邀訪問日本，在電視上作公開表演，其中包括透視力、記憶力，最具代表性的能力乃是使用強烈的念力，不用手去摸觸，把一支金屬製的湯匙在瞬間彎曲，繼之折斷成兩半。依力學原理，必須要費好幾倍的力量與儀器，始可彎曲的金屬湯匙，而他卻僅靠念力，便能把它斷成兩半，確實令人驚訝。

更不可思議而最精采的是，在日本表演的最後一天，他在電視上向日本全國發表一句留言，也等於一個習題，他說：「在昭和四十九年（民國六十三年）三月七日晚間八時三十五分，我將從加拿大發送念力，使日本全國家庭中的湯匙彎曲，並使鐘錶的錶針開始走動（指那些停擺的鐘錶），屆時請你們把家裡的湯匙及已停擺的鐘錶，放在電視機前面，我會透過電視台在那天晚上八點三十五分鐘，準時送來念力。」尤里凱拉留下了簡直無法叫人相信的話，離開了東京機場，飛往加拿大。

日本全國好奇的人家，都半信半疑地等待這一天的來臨。到尤里凱拉所約定的時間，日本的電視台同時展開了這個特別節目，並提醒觀眾對好時間，把湯匙及已停擺的鐘錶，都放在自己家裡的電視機面前，等待這個時刻的奇蹟。電視台也向觀眾要求，倘若真的湯匙彎了，或錶針開始走動的時候，請即打電話給現場的電視節目。

時間已到，果然應驗了，許多擺在電視機前面的湯匙竟彎成了V字形，錶針也轉動了。大家當即紛紛地打電話給電視台的現場節目，經統計，竟然達到了一萬四千多個家庭發生了這個奇蹟。這一切的事實，是有目共睹、有據可查。曾經有一些心理學家，認為尤氏是個高明的耍魔術的騙子，在英國的學術團體也對尤里凱拉有這樣的看法。

筆者個人認為尤氏的這種能力，絕非「把戲」，像這種人遠在隔海數千哩的加拿大，而使日本發生這種現象，若是事先與日本人有默契，或先套好聯絡，甚至買通做呼應等作弊，是不可能的，再說以一萬四千多個家庭合作演出這一場戲法，實際上也犯不著。你若不信，但像鐵一般的事實擺在你眼前，也由不得你不信。這些家庭包括學者、科學家、醫生、物理學家、警察等各階層都有。

作者在民國七十三年（一九八四年）八月間，因事到美國，與朋友順道去賭城拉斯維加斯觀光，受了朋友之一的一直要求，做一次念力實驗。按超能力的精神，不可以把能力用在賭博性質的遊戲，這也違反我的原則。為了讓這位企業家朋友相信念力的存在，也算是結緣，破例做一次實驗，自我發譬下不為例。到那吃角子老虎的檯子前面，與朋友一起屏息、開始深呼吸，慢慢增強了我的集中力等有關超能力中念力所需要的方法，果然有意料中的效果。以下是當時在美國接受《中國時報》（美西版）的訪問的新聞內容。

超能力實驗

不久前，在拉斯維加斯一家賭場內，十幾位華人聚集在一架吃角子老虎機前，只見一位滿面紅光、前額微禿的人，緊閉雙目、雙手握拳，面對老虎機，然後他叫了一聲「拉」，只見老虎機的顯示器上出現了「三個七」，只聽嘩啦嘩啦三百個一元硬幣落了下來，使四周的中外賭客均目瞪口呆，因為這位滿面紅光的人在拉前說過，這一次他要利用「靈力」，讓三百元落下來！

這是誰？他怎會有這麼大的「魔力」？

原來，他就是正在美國訪問的「中華民國超心理研究會」常務理事兼研究委員會主任委員石朝霖。

＊超能感應力潛伏人身

睜開眼來，只見石朝霖雙眼十分有神，而且隱隱有深不見底之感。他對記者說，像在拉斯維加斯的這種「表演」，事實上並沒有什麼稀奇，因為這類屬於人類本身的潛在神祕力量與能力，是我們每個人都具有的。而這種所謂「超能力」，根據他個人多年的研究以及與世界各國靈學研究人士交換心得的結果，是可以訓練出來的，因為這些「超能力」都潛伏在我們身上，只是由於人類活在富裕的現實生活之中，忽略了自己先天所帶來的能力。

到目前為止，對於「超能力」，可以佛教的六神通相呼應，這就是天眼通、天耳通、他心通、神足通、宿命通以及斷盡一切煩惱（漏盡通）。

＊可與佛教六神通相媲美

他解釋說，目前具有「超能力」的人很多，而一般的說法是這樣的：所謂他心通，可說是心靈感應，這可以突破空間障礙，把心靈訊息傳達給遠方的人知道，同樣也可以感知遠方他人的心靈活動，這方面的實例最多；天眼通，就像千里眼，可以不用眼睛，看到很遠以外的現象；天耳通，就是千里耳或順風耳，不用耳朵，可以「聽到」來自內部、遠方的聲音；至於神足通，可以說是一種精神動力，是使心靈的力量來改變物質的位置，如令桌上物體移動；至於宿命通，則是一種預言力量，可以知道過去及未來現象與事件，包括自己的前身與來世。

＊蘇俄列為國防最高機密

這位本身具有一些「超能力」的研究者指出，到目前為止，這些「能力」可惜還不能以「科學」來解釋，也超越不了科學的「樊籠」，只是，蘇俄早已把這一門科學列入了國防最高機密，有不少不能解釋而由蘇俄策動的超能力顯示，已一再出現，實在令人擔心。

既然是人人都具有此一超能力，但為何有些人有，有些人卻「沒有」？

對於這一個問題，主要還是由於追求與研究「超能力」者，所知還太有限，而且也還無法找出一個共同的系統來源，以解釋消失顯現的原因。

＊看祖父打麻將發現靈力

以自己來說，他首次知道自己有這種能力，是在念小學一年級時，看到祖父打麻將一直在輸，小小心靈中覺得不甘心，自己不僅不能代打，除了把小時所知道最強的老虎、獅子玩具放到祖父身邊作為保護後盾外，心中一直在想：這一次一定會贏。而且逐漸加強這種心念。說也奇怪，每當我心中有這種念力時，祖父就場場都贏。為了證實是否為「或然率」，移到別個位置與別人做同樣念力時，也有同樣的效果，就知道不是偶然的了。

在不知不覺中過了一年，上國小二年級時，這般「念力」就突然消失，怎麼樣努力都不靈了。

＊超能力與因果對錯有關

這位畢業於陸軍官校、退役後在教育界工作的超能力者說，到現在為止，由於研究得愈多、見得愈多，大約可歸納出一種規律，那就是：這類「超能力」，與「因為」、「對錯」、「違反道德」等等，有相當密切的聯繫與約束力。正像他認為，把「念力」用來幫祖父贏錢，是他消失了這項「靈力」的主要原因。這也是為何他個人只在拉斯維加斯「表演」一次，幫一位朋友贏一點回來，而不自己下場，為自己拉個四、五十萬一樣！

石朝霖進一步解釋說，可能我們每個人都曾經有過這種經驗，如眼皮跳、耳朵發癢，有凶吉的說法。而根據研究，這都是靈界送來的訊號，只是我們不明瞭而已。另外像是「說曹操，曹操就到」、「感覺到有人在後面盯著你」等等，是每個人都有過的經驗，這些都是一種「超能力」的現象，值得我們為這一種能力，添加一些信心。

＊人體靈光隨心境而變化

在另一方面，石朝霖表示，他可以看出任何人身上的靈光來，而且還可以根據你身體發出不同顏色的靈光，得以知悉身體狀況。一般來說，藍光代表好追求理想，黃色則象徵理性，淡紅色代表純潔，灰色表示悲觀中隱藏著惡運沾身，深綠色代表滑頭，深紅色代表怒氣，棕紅色代表私心，黑色表示病態與死亡……而每個人身上靈光的強弱、隱現與當時的變化，和當時的環境十分吻合，例如你忽然「心中有鬼」，則身上馬上會發出棕色光芒，這是百試不爽的。

為何會有這種「靈光」?石朝霖綜合世界研究所得，認定人的肉體只是靈魂的住所，而「靈魂」才是真人，而且是第四次元，肉眼看不到，全都是光的集合體，而光則代表你的全部。

＊如您擁有超能應做布施

雖然有不少「超能力」可以由加強訓練與修行而得，但是，這位超能力者還是奉勸大家，在得到這能力之後，能作為一種布施，也就是在「財施」、「法施」之外，用本身的超能力，以善良的超能力去影響所有的人，使人間充滿愛心，才不枉我們啟發了這種寶貴的「能力」。

9 念力的原理

人體靈光所產生的物理現象

歐洲有一些超心理學研究機構，曾發表過有關使金屬的湯匙彎曲的作用，是受來自人體靈光所促動。這是一篇長達數千字的論文，由一位德國的工業博士所發表的假設理論。一個人的身體有光芒，按其論文中提到有關身體的光，有下列的記述：

在一個夜晚，西柏林的某一家醫院，突然停電，醫院裡的病房呈現一片黑暗，有一位值班的醫生，突然間看見前方，有發亮的物體在移動。這位醫生，就隨手拿起手電筒一照，原來是有兩個病人裸露著身子站在那裡。從此這位醫生得到了一個新的靈感，開始研究，並發明機器，測知一個人的靈光的強弱程度及色彩，據以判斷病人的心理狀態及病情，而有莫大的收穫。

實際上在中國的禪定中，早於英、德之先而發現了靈光，不過我們只是沒有把它用在現代的生理、醫學的領城中，作有系統、學術性的發表罷了。遺憾的是，國人都把它當成「玄說」而否定它。

在日本方面，數年前，也有一位工學博士內田秀男製造了一架靈光光度測驗器——「內田 aura-meter」，已經先後測驗過近萬人以上，而不斷地整理其統計資料。這位內田博士，也一直認為靈光是會發生作用的。那是由於加強念力後，念波隨著形成靈光，在渾身的壓力下衝出體外，成為肉眼所看不到的一種光能或「靈能」。

幽子

若干年前，在當時的台灣省立圖書館看到一本英文版科學趣談的刊物，對於念力的產生所引發的物理現象，有著獨特的論述。作者是一位夏威夷大學的教授維廉姆第，他認為，每一個人身上能發射一種念波，是個極短波長的超微粒子，這個粒子與物質的分子成為一體，在剎那間與念波中電子相結合，就引起了物理現象。這個理論甚具價值，亦頗受重視，但並未完全為科學家所接受，當然更談不上引起科學界的共鳴了。

事隔多年，日本的電子工業的權威關英男博士，發表了更進一步而具體的研究心得，他認為有一種叫做「幽子」活動系統。這個「幽子」是極為微小的粒子，它具有電磁的性能。凡有機體的東西，都是由分子累積組合，這個分子可以把它以一公分的一億分之一的成分，分析成為一原子；這個原子中尚有一公分的十兆分之一的超微粒子，這個粒子在電氣科學的領城中，尚無適當的名稱，所以關英男博士暫時稱它為「幽子」。

這個「幽子」，便是引起超常現象的「原體」。關英男博士再進一步推斷幽子的周波率，可使念力所發射出來的幽子，能對構成湯匙器具的分子，逐漸增加壓力，所以形成了物理現象。因為物質具有N和S極，而由分散的分子相互結合所形成，倘若向某一定方向傾輸電流，各分子必結隊在物質本體，就成為持有S極和N極的電磁石。

由這個理論來看，筆者認為是值得保留繼續進一步的研究資料，也因此可以聯想到，假定這個世界、甚至高層次的世界中，都充滿了帶有磁性的動象。

最基本的地球引力，開始應屬於這個磁性的範圍，這個磁性是由念力來促動，其波長足可波及任何人、事、物，而像迴響一樣地環繞到的你的身邊，使你感覺其有動有靜，有S極與N極，即有陰陽之分；最明顯的例子是：男女之間，也是同樣地有S與N的道理。S缺了N或N缺了S，它就不成為一體。

男屬陽，女則屬陰，也可用「＋」與「－」符號來代表。俗稱一見鍾情，乃是一剎那的電磁作用，這個靈磁，也就是靠念想的念波射出後，迴繞會意的情形。不僅是男女間的感情，其他事物也是同樣由念波而產生的磁性作用。當然人之意力強弱，各有不同，常常以這個念力強弱之影響，形成人生的「命運」。

善良的念想、念力，會招來好運道，若為壞的念頭所發射的念力，固然仍有威力能得到一時的歡樂，但最後由於惡念，反招來災禍惹身。好的念波其迴響是幸福的，惡念的迴響，當然是不幸的。

超光速物質

澳洲愛德利大學的洛吉禮及飛利浦克特兩位博士，曾於一九七二年從二月份開始一直到八月的期間，常發現地球表面上，有著猶如液體又似光線，但又彷彿像氣流般的一種不明真相的東西，層層湧進而布滿整個地球。

這兩位博士共同觀察並做了一千多次的記錄，當然他們是在使用精密高度性能的電子系統的儀器上所做的測察。他們發現了，當宇宙線衝向大氣層的剎那間，發生比那光速更快的微小粒子狀的東西。精密而纖細的微粒子，像雨淋一般沖擊著大地，這些不明物究竟從何處來，目前仍然是在研究階段，而無法了解。

假如這個理論一旦被證實，愛因斯坦所說的「光速」最為快速的學理，勢必被推翻。宇宙線衝撞大氣中的原子後，產生一連串的粒子與光併速，甚至還超越光速直向地球，繼而產生無限量的不明粒子。假若「物質」較光移動得快，即等於時光倒流，這個不明粒子是一個未知數的境界，它沖上來而形成反轉，變成倒演過去的形式。

近幾年來，世界各地陸續不斷地出現擁有超能力的人，這些人是否因受了這些不明現象的「灌輸」或「接引」，而產生了超能呢？抑或是「念力」所引發的物理現象呢？尚無定論可以證實。

精神波

法國的一位精神科醫生，有一天正為一位患者做例行檢查的時候，發現精神狀態隨著喜、怒、哀、樂而各有不同的波長。這種道理當然極為平常，不足為奇，但他發覺，這位患者兩隻眼睛正對某一物，直視不放的時候，其精神波長，有顯著不同的表徵，但也無法尋出為什麼會有不同的原因。因此，他就聯想到尤里凱拉的念力所彎曲的金屬湯匙的原理，而認為那完全是精神波所導致。

念力產生了〇・〇一的Angstrom。「Angstrom」是測量光波長的單位，指一公尺的百億分之一，是一種超微粒子。亦可說X光線的最短波長的十分之一乃至百分之一，它對於任何物體，都具有足夠的力量貫穿或予以移動。

日本大阪工業大學的政木和三，也同樣地發現了這個驚人的發現。政木教授經過多次研究結果，強調：湯匙的彎曲是一切的物質分子經過強烈的念力之後，自行化解分散作用。倘若以〇・〇一Angstrom依靠人工來製的話，可使全世界的人類都變成劃時代的超能者，可是要製造這種東西，需要依靠十億伏特或五十億伏特的龐大電子來支撐始可完成。

念力的研究

當尤里凱拉在美國公開表演的時候，由太空人米契爾引進加利福尼亞洲的史丹佛大學研究所，整整接受六週的測驗。這是一種學術性的測驗，可是一直到今天，遲遲地尚未發表其測驗報告及其理論原理。尤里凱拉亦曾在英國接受過測驗，也是只能證明有這種事實存在而已，原理部分他們仍無法研究出來。我相信尤氏亦是急於想知道他的能力的原理才肯接受測驗的，否則誰願意無故供人研究呢。

目前全世界的科技單位及超心理學的學術團體等，幾乎都在期待著史丹佛大學公開發表其對尤氏「超能」的測驗報告，因為史丹佛大學可說是設備齊全的學校，何況六週的測驗在時間上來說不算短，應該可以查出個眉目來。這數年來，筆者不斷地注意史丹佛大學的實驗報告的出現，也曾經透過不少學者向該校詢問這一類的測驗，但都無任何具體的報告，似乎他們仍進行著研究工作吧！

10 善念與惡念

念力善惡及其影響

念力所產生的力量中，有一部分呈現物理現象，也就是能使物質浮動、變形等等，它是不需憑藉直接物理的接觸，能使物體浮動或使物質發生變化的精神力量。除此之外，念力與精神感應、心靈透視等超常現象，及其他精神領域的作用力相同。念力隨著一個人的願望及所發射出來的強弱程度可達到願望：有的人其念力始終無法達到目標；有一些人能獲得意願的目標，但卻很緩慢；還有一些人卻「說來就說」，有如閃電式的即能如願以償。

念力具有兩種不同的傾向，一個是善良的念力，另一個是險惡的念力。好的念力，即「善念」，在波及人、事、物等時，必使自己或對方獲益不少；若是怨恨、憤怒、仇恨等意念所產生的念力，自然是壞的念波，必定是害人又害己。

善的念力與惡的念力，兩者都同樣地依靠引發的當事人的念力強弱，來決定效力之遲速及壁動。但是讀者們務請記住的一點就是：險惡的念力的威力，較善良的念力要強烈而且迅速，並有立即見效之功能。相反地，善良的念力反而遲鈍，效果緩慢，所以施念力者，必須要誠心專一發出渾身之力量才行。因為善良的念力，是經過和祥的意念促成的，和祥是屬於「柔」的氣性，在施展念力的當事人儘管增加力量，加速念力，但由於你最基本的心胸是柔而非剛，當然經過這種柔氣所發射出來的念力，是緩慢的。

古今中外，諸多好人、忠臣常被壞人陷害，這在歷史的許多事蹟上可以統計得出來。雖然這些陷害人的奸臣，最後得到應得的懲罰及種種報應，但究竟好人被害在先，乃是事實。人類本來學壞容易，習好較慢，通常惰性重的人，即為以前惡念業力所纏。因此，你若為正義或為感化一個惡人向善改過自新而發出念力，必須要費相當的力量，始可應驗，只因為惡人心靈充滿了壞的念波，可與你的善良的念力，發生抵抗作用。

險惡之念力，所以快速，是因為一個人的怨恨之心，私慾、貪心、發洩等均帶有狠心，這個「狠」自然是屬於剛性衝動。這種心情是極為可怕的，由於嫉妒、懷恨而日夜執著仇念，不停地念想，必存詛咒，其力量恐怖無比，被咒者，最後乃受他惡性的念力影響，易產生不幸的後果。

當然，這種害人之念力，雖能奏一時的洩恨之效，但仍逃不過報應，這種報應往往多為「現世報」。這個道理畢竟還是「自食其果」，因為你種下了不良之「因」，而得到了不祥之「果」。

善良念力的「因」所得而的「果」是吉祥的。提到「因果」二字，也許有人認為太宗教化了，可是因果律也正是支持科學的定律，科學是在由「果」尋「因」、由「因」得「果」這兩條大路上得以成立的邏輯學問。

念的價值

人有苦惱，是因為有了「肉身」所致，所謂「人之大患，在有我身」，但是人若沒有這個肉體，就不能在這世界活動，因此，你想在這地球上活動而不希望有苦惱，即要由「覺悟」獲得超越肉身的生命才行。

人類本是個「真靈」。它超越了肉身的意識、幽冥界的意識、靈異界的意識，它是從宇宙意識本源那裡出來的，宇宙元神是它的「動源」，釋迦尊佛為了使人類能察覺到真正的我，而在《般若心經》中強調「真空」與「實相」，說明了我們這個肉體只是「現象」的存在而已，它並非你的本質。

在「三界唯心所現」的教言裡，三界是指欲界、色界、無色界，是凡夫生死往來的世界，這些境界，都是唯心的表現，自己和所處的環境，全部都是由自己的「心」創造出來的。

「念力」即「心」的具體行動，「心」即是你的本體，「心」來指揮現成的肉身，在念力中的念波透過第四次元的境界，達到意願的目標，可以成就益於眾生的事，得以免除其苦惱，誠然是個重要的事情。

善良的念力，即佛性，所謂佛性即指善良的心。吾人應經常發出佛性之光輝，來改造人類之懷恨及自私之心，是刻不容緩的事了。雖然所要發射的力氣，耗費甚巨，但它的價值可以說超過你所知的所有無限量的寶藏。所以說：「個心所為，可改一己之命運，眾心所為，可脫世界之大劫。」

念力的象徵

在寺廟中都置有「護身符」，以供敬拜的善男信女隨身攜帶，以求保身平安或家門的安泰之用。這個符，有的是配縫一條帶子，可以掛在脖子上，垂在胸前，也有的只讓你放置在你的皮夾裡面。在寺廟中所應用的，不外乎這兩種形狀：把畫好符號的字樣符紙，疊成小的八卦形狀，或者用塑膠皮製成一皮夾形，將佛像或畫好的符紙放在裡面。由於需要供應許多的善男信女去佩帶，以前的那種用毛筆、還要經過一番手續畫符咒，已覺得來不及了。現在都改用印刷技術，在印刷廠大量生產成千成萬個護身符。尤其在逢年過節大拜拜的時候，實在是供不應求。

有關護身符，不只是中國所專有，在歐美各國也極為流行。西洋人不像我們東方人在紙上畫符，而是把它雕在木頭上像圖騰一樣；有奇形怪狀的木頭娃娃，掛在脖子上；更有的是用金屬製成銀幣或長方形的鋁片，栓在手腕上或其他臂部、下腿部上面。

這個原來是在一張紙上面畫符號的東西，現在已經演變成裝飾品，而講究藝術與美觀大方了。

最顯著的例子是在行駛的汽車上，不管是公共汽車、計程車、私人轎車，在司機位置的前窗，都懸掛了個式各樣小巧玲瓏的標有交通安全字樣的護身符，以保平安。這個護身符上面，還帶小鈴子，車子一動，叮叮噹噹，頗有情調。本來護身符是個極為嚴肅的信物，如今成了點綴品一樣。生意人都能了解群眾心理，大量製造這護身符娃娃或小燈籠、避魔鎚等，分別在各觀光地區的商店出售。這種彼此受惠、一舉兩得的生意，確實帶來皆大歡喜的樂趣。

在日本有專製售護身符的工廠、公司或商店，還不只一家，實在是一本萬利，成本低、利潤甚厚。在台灣亦有很多精美的護身符，以舶來品的身價，掛在櫥窗裡面，形形色色，琳瑯滿目，但價格昂價。

不過，這些經過大量生產方式製造出來的護身符，不管它是油印或刻版製出來的，若帶了它，究竟會不會平安，或能避免了交通事故的災禍了呢？

在這裡，筆者不敢有所置評。據筆者的淺見，詛咒或符咒的產生，應該是屬於一種心理狀態下引導出來的副產物。在一個人為了求某一件心願，而趨於心切的逼迫感之下，認為只是用心念的祈求，似乎覺得不夠真實與安定，僅憑心念，仍覺得是一片空虛無著，渴望能達到願望，但無法立即現出意願之事物。因此，設法能尋出將來必可達到希望的憑據，以資滿足自我的安定感，為急迫的情緒所催促，終於以刻畫各種形象，以求穩定與安慰。

這個形象不管是文字或畫面，將它隱藏於己，時時刻刻記住或看著它，這些「符」就隨著念波流動，久而久之，竟然也能出現了奇蹟。實際上這並非奇蹟，而是必然的現象，並且它還有百分比甚高的念力效率，所求的願望有時是可以如願的。如讀者詳讀前面數章，並依據心靈科學的理論，是應該可以成立，因為人們由於這刻畫、或文字的「形象」，曾經產生過效果，才會流傳到今天，而廣被應用。

在我國來說，「咒」為密宗念力的一種，「符」則為道家念力的一種。在非洲和澳洲的土著、巫婆們，早已應用此道治理部落的一切事情，他們並不用毛筆畫寫，而是以木頭雕刻，或以雜草編製各種形狀之人形或物體的東西，加上咒語及牲祭，選擇一定的時間施行咒法。

符咒及詛咒的威力，不管是哪一個國家，無論什麼人種，一旦按方法應用，它的那種無形的力量，對於人類的影響，是不可忽視而不能不謹慎的。

在心靈科學的範圍裡，符咒是一封下達的函件，是個透過第四次元軌道所送來的信件，有通告下達之意，猶如口信、口令下條子的效力，詛咒更有命令一般的威力。

其實在密宗靈力較大的人，不用在紙上用筆墨作畫，而僅靠念力加上口咒，在空中用手指代表畫符，亦照樣可通第四次元的諸靈，藉此得到效果。在物體上面畫無形的符咒，隨其念力之善惡，亦可施展出力量來。若以心靈科學理論，人們只要心一想，即通四次元之靈界，而再加強心念，就成為念力了。這個念力再加上咒語，力量就大了。

當這個念力與咒語傳到第四次元，讓過往的諸靈一接應，就發生奇異的現象。倘若你的咒語、符咒的目的是善良的話，當可以吸引善靈的共鳴與合作；假使是一種以害人為目的之咒語或符咒，善靈即離你而走，換來的卻是一些亡魂之類的惡靈為你跑腿，它們還可以主動促使你加強惡念，釀成損己害人的事。

符咒所以能具有那麼大的威力，是由於無比力量的念力所策動，沒有念力的符咒，即等於一張廢紙。貫注精神，用念力於丹田發出虔誠之心，運用筆墨，一口氣畫下來的符咒，才有效率。

符咒上的字形或圖樣，有數不清的樣式及變化，隨著目的及用途，各有不同意義之文字。在這些字樣當中，迄今仍無法識辨出來的字義極多；並有諸多符咒，不需要咒語配合，但必須選擇一定的時間及一定的方向來做，才能有效果。

本書盡量避免主觀的理論，以客觀的眼光追根究柢找出答案。今日在我們國家，知識程度不但提高，而教育之普及，早與歐美文明各國並駕齊驅，甚至有許多的研究及獨特的見識遠超過任何國家，這是有目共睹的事實。讀者大家都是知識賢達，我們不能盲目地說相信就相信，那就變成真正的迷信了，所以在本書當中，許多淺見，是筆者多年來所收集及親自體驗的資料，請讀者保持理智與客觀立場，共同研究這些問題，才是筆者所企望的。

詛咒的歷史

在任何課本或藏書裡，無法看到詛咒的歷史。因為它既乏文獻證明，亦不值得為此傷腦筋而專闢一章來研討，人們都把它當作無稽之談，倘若有人說及這一類事，都會被當作無聊的人，而受人譏笑。

不過在我們的生活中所接觸一切人事物等，時時刻刻都在接受或發送這個詛咒的情形，至少有百分之六十的比例。各位必定會覺得奇怪，這又從何說起呢？下面我想舉幾個例子說明。

婦女們市場買菜的時候，有些菜販為了要證明，他的菜不是前幾天沒有賣完剩下來，而急於證明，他的菜是剛剛從菜園子裡摘下來的新鮮的東西，他順口不加思索地溜出口說：「太太！我敢發誓，這個白菜是絕對新鮮的，如不新鮮而是前天留下來的話，我就不配做人了。」不管他是真的或假的也好，他說出了「發誓」與「不配做人了」的兩句話，這與念力詛咒的道理是一樣的。這雖然是極平常的事情，但可以解釋是對自己詛咒的一種苦肉計，並不會影響他人。這位菜販果真有騙人的話，久而久之會應驗了那一句不配做人的後果，如不是生意冷落，便有其他的不幸事情降臨在他身上。

另外，當朋友們在一聊天的時候常講：「說曹操，曹操就來了。」的一句話，這也是間接念力的感應。還有兩人傷了和氣吵架的時候，都有一句：「好！你給我記住，有一天會給你難看。」等等類似的話，很奇怪地，都會在某一天真的應驗了。筆者曾經統計過不少類似的事情，而十件當中，其中至少有六件都會應驗，這些都屬於咒罵的範圍。

可見詛咒在人類的生存中，是具有不容忽視的大問題，不要說是人與人之間，動物與動物之間也是同樣地，經常有這種事情發生。甚至國與國之間，政派與政派之間，也是同樣地會發生這樣的情形。

我們要研究這詛咒與念力之善惡有關的念波，就必須要了解它的歷史，可是真不容易。筆者為了這事，曾經翻遍了所有的參考書籍，其中有一本書，書名叫《古代》（Ancient times），作者是Dr. Hallen Kouline，一九五〇年在英國出版。這本書的後段有下面一些敘述：

在兩萬六千年前，舊石器時代後期，人類為了生存，每天要去狩獵，這些石器時代的人們以亂哄嚇唬的叫聲，使動物就範。可是有一些人很奇怪地，他每次都滿載而歸，同伴追問之下，才知道他們是用另一種起哄方式，野獸們聽了之後，乖乖地像暈了頭一樣地亂闖，終於掉下陷阱。

這位作者，從許多上古時代的石器上雕刻的圖樣，及類似文字的部分作研究，發現那是為了狩獵用的哄作聲，預防遺忘而以符號刻在石頭、牆壁或石刀上。就這樣繼續應用了兩萬餘年。這個詛咒術後來被「埃及」所採取，在人與人之間運用起來，這已是六千年前的事情。

因此，人類詛咒的起源，就可溯自六千年前，埃及人可能最早應用了它。

一直到了十七世紀，希臘人亦繼之沿用，但是這詛咒卻大量地移至非洲的土人身上，他們是為了保衛自己部落及領土，以詛咒術來對付白人的侵略，曾有奇效的紀錄。之後世界各地也開始應用，其媒介人卻是迄今仍無國籍的流浪民族吉普賽人。

以上所記戴的雖然簡短，但也足以看出它的來歷始末。

「稻草人形」詛咒法

一九六三年的九月，筆者在倫敦停留的時間，為了想要看著名的專放映立體電影的戲院，在夜間獨自走在街上。沒來倫敦之前，我對倫敦並無什麼特別的愛好。來了倫敦之後，她給我的感覺，也就無所謂失望，但也沒教我特別驚喜，正像她本來具有的氣質，平實、恬淡，宛如一位平實恬淡的朋友，讓你慢慢的喜歡她。

倫敦彷彿一位家道中落的貴婦，昔日繁華雖已不堪回首，她卻處處留著顯赫的痕跡。

世上沒有一處大城，像倫敦這樣古色古香的了。入夜後，為適應霧中照明的黃色街燈亮了起來，那昏黃的光暈，到處都被烘托得昏沉沉地，更令人有漫步在中世紀古道上的感覺。

走到維多利亞公園的時候，突然聽到警笛聲，衝破了這中古氣氛的街道。警車迎面而來，卻停在這公園的大門口，從警車上跳下來四位探員，撲上正在樹旁的一位中年人，這個中年人雖有抵抗之勢，可是終於被他們制服。這位中年人手上拿了一把鐵鎚及三寸長的鐵釘，但這並不是為了抵抗而準備的兇器，也並不是帶這把鐵鎚及鐵釘去犯法，其名是施邪術。

在一棵樹上有隻人形的稻草娃娃，據問才知道，那個中年人是以稻草編製一個像冤家的人形，每天每夜在這一個時刻，把這稻草人形釘在樹上，用鐵鎚猛打這個稻草娃娃，口中還說著對方不利的事，詛咒他。據說，這樣不久對方即會有不幸的事發生。在這個科學時代，在英國這樣文明社會的人，竟也有如此做法，令人寒心。其效驗的百分比究有多少呢？不管是應驗與否，這個情形與那惡念的實質，是一樣的。

英國蘇格蘭警察對這種事，是特別注意的。凡擔任巡邏的警察，都時常地留意樹上或房子周圍，如發現有這種稻草娃娃就把它拿掉，經常在清除這個不吉利的東西。

印地安的肖像詛咒

從前我常到教堂，雖然沒有正式受過洗禮，但只要有時間，就去聽牧師或神父講解《聖經》，對於《聖經》上的許多故事，頗有興趣，且獲益不少。當我還住在台中的時候，認識了一位西班牙籍的神父，他除了盡責於教會的事情外，還定期在日間教青少年的西班牙語會話，因筆者向來對語言的興趣很濃厚，所以在一定的時間裡，都必到場學習語言。

有一個晚上，下了課之後，大家閒聊當中，話題轉移到這位神父以前在印第安村落傳教期間的許多回憶。他拿出一本封面早已褪色的破舊日記簿，邊翻邊講印第安人生活的許多形態。這位神父似乎對印地安人甚為了解，他拿出一支尖槍，他說這是印弟安的酋長送給他的紀念品。只為了勸說戒掉以詛咒他人、致人於害病或死亡的惡劣習俗，他獲贈這一支尖槍，神父認為是他畢生最難忘的事情。

他說，當年他來到美國的印弟安人部落，看到他們常在黃昏時刻，在沙土上面畫一個人形，之後嘴裡不停地唸一種既非土語、也不是其他地方的言語，接著以尖頭棍子，猛向那人形畫身上，連續比做刺人的動作。起初，還以為是他們的一種風俗，後來慢慢觀察，才知道那是在詛咒他人致於死地，詛咒人的那種神情之恐怖，實難以形容。他們所要詛咒的人，都以白種人為對象。

當然，在美國開拓時期，難免與土著的印第安人發生衝突，這些印第安人無法抵抗白人的槍砲武器，只好默默地不為外人所知，咒那白人部隊的指揮官，把那指揮官肖像畫在地上，實行詛咒。這位神父當時是為傳教工作而來，費了九牛二虎之力才說服他們，把這陋習改掉。使印第安人與那駐軍的白人和好，共同建立一個新的天地。

這位高齡的老神父，現在已不在台灣，但是他的作為，應該是正確的。惡念的念波，只能給人們帶來仇恨，不管它有效與否，此風絕不可長，是應該及時制止的。至於印第安人到了今天，是否還有人用此詛咒法，那就不得而知了。

恐怖的烤火術

靠近新加坡北邊的馬來西亞，也有一種頗為厲害的險惡念力詛咒法。

為了使對方受詛咒以致害病，不惜一切，日夜設法取得對方的指甲、頭髮或肉身上的一種東西。然後在蜜蜂窩勻成一壺泥水漿，再將這個泥漿雕塑一個人形，拿一鐵條，前面部分磨成針尖一般的銳利，貫穿這個泥娃娃的肚子部分，夜間在一處暗室裡燃起火來烤它，口唸咒文，持續著每天做半小時。經過七天之後，被咒者據說會漸漸地衰弱，而終於招致死亡。這個惡性詛咒，聽說是由非洲傳來的。

不過，施詛咒的人，常因此而日夜產生惡夢，並患上精神分裂、發瘋等，反而使得自己遭受不幸。這就是惡念的下場，也是他應得的因果報應。

釘刺腳印

在數十年前的台灣，仍為日人所據還沒光復，在這一段時期，以山為家的原住民們的生活，不像今天這樣舒適。他們為了求生存，打獵自然成為生活上所必須做的事。

在台灣，野生動物雖然不像非洲那樣多，可是在深山叢林中的山豬，也就像非洲的虎豹一樣，牠的凶狠的程度絕無遜色。部落每次派出去狩獵的人，都因山豬的出現而感到惶恐，平均十個獵人當中，總有一個會遇難。

由於痛恨不已，便帶著長矛，循著山豬的腳印，沿路追蹤，決心殺死牠，以替好友報仇。可是到了絕崖處，腳印卻連不下去，蹤跡亦告斷絕，不知這頭山豬往哪裡跑了。在失望之餘，拿起長矛往豬所遺留下的腳印，猛刺並詛咒，發洩那一股痛恨的心情。經過兩天後，村裡的人發現一頭跛腳的山豬，徘徊在山坡下，當然很快地被部落的人所圍困捕獲。從此以後，原住民們領悟了猛刺腳印的詛咒之效力，並時常使用這種方法，消滅山豬之侵襲。

據說家喻戶曉的霧社事件，當時的原住民也曾運用此法來抵抗日本軍閥的欺壓。他們以遊擊方式躲躲藏藏在各山洞或其他較隱蔽的地方，窺望日軍的動態，一俟日軍隊伍通過，原住民們即結隊出來，在所有腳印上面排上玻璃碎片，或滴下鹽酸或熱開水，甚至還用五寸鐵釘猛鎚，再加上特殊的咒語及符畫在地上，被咒者不久即不能走路了。

這個方法最重要的，是那最後一道的念力咒語，才是效率的關鍵。施咒者需要有強烈的念波才行，否則徒耗精力而毫無用處。這咒語的全文，迄今未探討出來。筆者認為最好不要相傳下來，因為這個方法仍然可以應用於一般人與人之間相處的關係上，倘若被歹人用去做壞事，那就更糟了。

詛咒行為

念力的能力移作詛咒，而使被咒的對方，受到痛苦、害病甚至於步上死亡之路。對這個施詛咒者的居心及行為而言，有威脅他人生命安危之嫌，一律應屬於傷害罪的範圍。哪怕你所詛咒的對方，是個地方的惡霸，社會上大家所共認的害群之馬，也不應該用此方法，應以現代的法律來制裁他，交由司法機關作公平的審判才是。

本來「詛咒」這個神祕力量，可說是高次元界賜予弱小民族保衛自己的唯一武器。可是一旦被應用，果真發揮它的「詛威」，使對方發生創傷、痛苦、生病，若依目前的法律觀念而言，是構成了既遂犯的罪刑，只是依近代的法律常識，所要求的是，「犯罪」必須具有「構成要件」。

但是，詛咒本身，尚不能以科學的力量來證明它，苦於無具體證據，可是被咒者所得到的結果，又多屬事實。在這裡筆者很鄭重地奉勸讀者一句話，假使你懷有一手高明的詛咒法，千萬不要隨便應用，如果你動輒使用它而走上「邪道」，這時候，其效果是會反射到你身上來的，毫無疑問地受到天譴，其災害可能還會波及到你的家人，正所謂：「莫謂因果無報應，遠在兒孫近在身。」

古今中外，好施展這一類的詛咒者，不但是他本人的生活困苦不幸，而他的子孫，也會有許多不幸。最明顯的例子，就是世界的流浪民族吉普賽人，以及巫婆，還有在江湖鬼混的術士，他們的生活情形多少都受了「詛咒」和「玩邪」的反射影響，以致普遍都過著不得意的日子。

所以，在冥冥之間存有天理，在第三次元的世界無法懲治你，但在第四次元高度空間的靈界是不會原諒你的。倘若相反地，我們經常發出善良的念波影響社會，使人人向善、和平，甚至用於事業上的發展，將所得的利益，從中提出一部分回饋給社會，幫助他人，反而可以獲得靈界的保佑，過著幸福的人生。

無價的布施

在許多宗教中，佛教特別注重「布施」的修養。取之於社會，用之於社會的俗語，多少與「布施」有類似的意義，但佛教中的布施修養裡，更蘊藏著深長的意義。

人生多在追求欲望，可是偏偏這個欲望，在肉身的感受中是無止境的，人們有了一，即想要二，有了二仍感覺不夠，即往三的地方動腦筋，這樣子一直向外追求，但仍無法使你滿足的。當無法滿足時，即產生痛苦。

佛教所提的是為了解決因欲望所帶來的痛苦，所以必須修養「布施」的德行。在一般人的觀念，認為「布施」只是屬於物質上的奉獻或捐奉金錢而言。實際上這種物質或金錢的奉獻，只是布施中的「財施」而已，另外還有「法施」及「無畏施」兩種。「法施」即教人了解真理，在精神上給人幫助，解決困難；「無畏施」即在解決別人精神上的恐懼。而後二者的價值往往高於「財施」。

所以，我們若得到「真理」，應將「真理」傳給他人，此即做到了「法施」及「無畏施」。有人認為自己無法悟得「真理」，怎能向他人再傳「真理」？

那就錯了，這是他明明在拒絕接受「布施」的功能。

現在讓我們來談一談，不用財物而又可在任何地點、任何時間能實行「布施」的德行方法，這就是念力的「布施」。送一個善良的念波，使人與人之間充滿了愛心，以我們的念力，使墮落的人忽然得到自我的啟示，而奮鬥下去，挽回了生命或可貴的生活。

我們藉一股無比虔誠的心力，發出念力，並請高次元的高級靈給我們幫助，必會得到良好的結果。

在教堂的禮拜禱告或寺廟中的祈求拜拜的人們，在同一天一個時間裡，不知有多少的教徒或善男信女在那裡祈求幫助，希望達成心願或解決困難。但他們之中，為何不能獲得幫助的機會？那麼究竟什麼樣的人，始能得靈界的幫助呢？第一，沒有「私心」的人；第二，有虔誠心的人；第三，還具有強烈的念波的人。能具備上述的三個條件者，就容易得到靈界的幫助。

曾經有一位朋友問我說：「我每一次都非常虔誠，但為什麼始終得不到佛菩薩的幫助呢？」筆者很不客氣地回答他：「當你覺得你自己很虔誠的時候，你誠心的程度已減少了許多了。換句話說，當你能發覺你已經很虔誠的時候，實際上你已不夠虔誠了。」因為，真正的虔誠是已經達到零的「無知無覺」的自然境界，根本無法使你的五官體會得出來，一個人的「誠」，豈可能輕易開口說的出來呢？

誠，是沒有條件的，一個人的「誠」，是「純」的不是「雜」的，是自然的不是造作的，是內發的不是外鑠的，這個境界若能了解的話，你就能依此加上念力，送出善良的念波來「布施」了。這個念波，是由「誠心」引出來，所以叫做「心施」，即是心的布施，也就是《佛經》所說的大慈大悲之心。看到不幸的人，就想設法幫助他解除痛苦，給他安慰，使他快樂，時常會引出這種心境的人，就是實行「心施」的人。

尚有藉念力引發的一種「布施」，是「愛語施」，即是好語言的「布施」，這就是促使每一個人平時多說一些鼓勵、讚美、勸導、感謝、快樂及誠實的「好語」。「語言」是有創造力的，所以若說好話，即可產生許多好的結果。一個人若沒有「口德」，說人閒話，惡意批評他人，必遭到人家的厭惡及背棄。相反地，一個懂得「愛語施」的人，卻可廣結善緣，到處受人尊敬歡迎了。

另一種與念力的善波有關的「布施」是「悅容施」，這是奉勸大家應時常面帶笑容，祥和對人，一個愉快的表情，不僅使自己身心快樂，而使你周圍的人感染到你的歡樂愉快的心情，大家形成一種安和的氣氛，這無形中就是一種最大的「布施」。

因此，善良的念力，其價值是無可限量的。有關念力的具體形成及訓練法，在前面已略有說明，雖然人人都具有這種能力，但依你的信仰程度各異，你想獲得這種能力，你就先要相信它的存在，始可產生這種能力。當然，後天的啟發、培養，使其能力發揮，更為重要。

第三部　心靈感應

11 心靈感應的奧祕

眼睛為感應媒介

所謂「感應」，即指依思想影響他人而產生回應的狀況。每人都生活在感應的空間與時間裡，讀者和筆者都應該有過這種經驗，譬如說：當學生的時候，在上課時由於自己一時疏忽，忘了帶課本，或迷於小說，夾在課本下偷看，被老師發現，但老師卻不責備你，只用眼睛注視著你，當你的眼睛與老師的眼睛視線正好相對的瞬間，你即自然低下頭去。

這時候，你的心中產生一種恐慌，又後悔自己疏忽的過失，可是老師卻沒有罵你一句話，實際上老師在心中責備你，只是沒有開口罷了。他心中的思想，已構成一股念波，傳給你而使你自感不安。這個傳波主要的工具表現，就是眼睛，眼睛是不會講話，可是你看到他的眼睛，卻能會意。俗語說「靈魂之窗」，即指眼睛是靈的信物，所以說眼睛為感應的媒介物，是毫無異議之處，也是無可否認的事實。

就男女關係言，眼對眼產生了愛情的例子，是不勝枚舉的。令男方或女方墜入情網的「桃花眼」，也都是受了感應而引起不可抗拒的現象。我常常聽人家說：「只要被他那一雙眼睛一看，就情不自禁地投入他的懷抱。」另外，「如被那眼露凶光的歹徒注視著，我就心慌起來，趕快低下了頭，不敢正視他」等等。可見眼睛的魅力，是具有感應超能的。

呼吸在感應中的分量

在心靈感應中，眼睛是個最前哨的媒介物，也是一個最靠近感應對象的接觸點。但它需要一股經過調節的「氣」，形成「迫感」的「風」向感應對象，以「焦點」作集中輸出，始可見效。

為什麼呼吸有這樣重要的使命呢？呼吸的目的，是藉氣體交換作新陳代謝。呼吸運動，有賴各種呼吸肌之合作調節。呼吸飢之收縮與舒弛，均受神經支配。胸壁諸肌如肋間肌、胸橫肌，腹壁諸肌如腹直肌、腹內斜肌及下後鋸肌等，均為胸部脊髓神經控制。由此可見，呼吸運動完全受制於延腦及頸、胸兩部之脊髓神經。

在靈力、超能力而言，「腦」的部位是屬於「支配」及令萬物「服從」的力量，倘啟發此一部位，必可得自由操縱萬物的超能力，這個地方按超能力術語稱為「亞拉拿」。另一處則為「胸」的部位，術語稱為「亞那哈達」，它可以擄取他人心思，並可溝通心靈。

以上這兩個靈源的衝動，配合那一呼一吸，將體內的二氧化碳，徐徐地排出於外。施展感應的人，也就是將這個排出的二氧化碳，依其所需的念力，瞬間如同一團氣流，投擲集中於所要感應的對象身上，他即在一剎那間被侵襲；加上眼睛之凝視，必受其波及而無法自主。倘若發送者是基於善念，則當可結合善緣，惡者則會被導入惑境。

二氧化碳並非含有任何毒素，但可令人一時昏亂，是不能否認的。在這個地球上可說充滿了二氧化碳，這個二氧化碳，是經過新陳代謝而排洩於外。在二氧化碳的氣流中，含有肉眼所看不到的世上各種人、動物、植物的「思想」在交織著，因此，我們受這種影響，就有喜怒哀樂的情緒發生。心靈感應，乃是巧妙地將自己的意願，放在念力的氣流上，使其集中於某一軌道，送至對象而所獲得的「目的」反應。

將無形的思想，用無形的工具，還要巧妙地送達對象，是一件極為不可思議的事情，不合乎邏輯的理論確實令人無法相信。可是根據諸多的跡象實例，我們不能不承認這種力量。

有一些人是先天就具有這種超能力，有的是由後天的修練而獲得的。事實上我們地球上的眾生，時時刻刻都在互相感應中謀生，不管公務、個人事業、老師對學生、警察對犯人、父母對子女、兄弟對姊妹、夫妻之間，國際之政治、經濟，法官對犯人的審判等等，都在你感應我、我感應你，而這個感應卻是循著呼吸與眼睛的配合所投射的超常現象。

有許多人問我，如盲眼的人，是不是就不能具備這種能力了呢？我的回答很簡單：盲人雖然生理上有缺陷，但他的「心眼」是永遠明亮無缺的。人的軀殼是靈魂的住所，房屋的窗子壞了，主人（靈魂）當然要提高警覺，格外照顧門戶，必須要燃亮燭光，這個燭光即等於心眼。由此可以了解，盲人是他的「主人」親自在那裡支撐，故其超能並無遜色於明眼人，甚至有的時候，還遠勝過明眼人。那些在街頭巷尾為人占卜、算命為業的人當中，盲人往往較明眼人為準確，是有力的證明。

12 心靈感應實例

發出 SOS 的救難信號

在西元一九三八年的六月間，美國東海岸佛羅里達州的漁村有一個名字叫晏得利的小學生，在學校是活潑可愛的孩子，經常蹦蹦跳跳地與同學們玩耍。有一天放學回家後，突然發高燒，父母以為是平常的感冒，就帶他到醫院，經過打針服藥，高燒仍然未退。焦急之下，請了好多醫生會診，但仍查不出病因，因為身體上的各種機能，並無任何異樣。從病發的那一天開始，一直連續了四天的高燒，體力一天比一天地衰弱下去。

在床上，每隔二十分鐘，晏得利即說出莫名其妙的話語。父親起初不加注意他的話語，後來仔細一聽，雖然這個孩子說的一些話像是夢話，但所說的話竟是西班牙語言，決定請教堂的西班牙籍的神父，來解決這個夢話的謎。這位神父就重複地把他的話錄音下來，而且翻譯出來，其夢話的內容是：「快來救我們的船，有一個龍捲風把船推成傾斜，即將沉下去了，引擎已經故障，現在正向西邊漂流，從這裡可以看到油卡坦半島，請派救助船來呀！」這是令人感到奇怪而無法解釋的現象，就如同是在發出 SOS 的這艘船上的人員一樣，連續不斷地喊著夢話。

在半信半疑的情況下，通知了有關機關，往那災難的地點探查，並派大批搜索人員及急救員，分別集合於發生情況的地方，果然發現了龍捲風的位置，而拯救了墨西哥籍的一艘漁船。當船上的那些漁夫全部被救上來的時候，說也奇怪，這位孩子的高燒，也隨著退下來，回復了原來那活潑的樣子。

在這一段事實裡面，最使人不解的地方就是：這位孩子在突然間用西班牙語講話。這種奇異的現南，依筆者的淺見是：第一，這個孩子本身，不但有先天的感應能力，並且其力量相當的強，尤其是在接受方面的感應能力，極為敏銳。按一般的超能力的修練，孩子往往會比成人要容易，其原因是：雜念少，並且身體上的各種機能都較健全。第二是，那艘船上的漁夫們為了求生，大家都持共同的求救呼聲，成為強烈的念力，其念波衝擊到這個孩子的本靈，而本靈受其干擾，他的肉身即無法控制，就發生身心不平衡的病態。

後來這個孩子接受表揚，並受到了電台及新聞記者的訪問，一時成為美談，但是晏得利他本人始終不知道他自己究竟做了什麼事情，令大家那樣興奮的談論他。

香火傳來遠隔感應

世居於台中市自由路一段法院前面的陳家，是個虔誠的佛教徒，陳國華先生早年畢業於東吳大學法律系，自他的已故父親開始，一直本著佛性的光輝，在社會上服務，只要有機會，從不間斷布施，既不求名，亦不求利。他的家庭雖非很富裕，但為社會之公益或幫助貧困之樂捐，從不落後。為人寫訴狀或替人排解糾紛是他的工作，但繕寫訴狀所收的費用，都隨時剔出一半做布施之用，遇到經濟上或手頭上不方便的當事人，經常減低費用，甚至免費服務。

他有一位賢慧的太太，生了一個可愛的寶寶，在周歲的時候，就會念經禮拜。在一九七八年七月，太太又懷胎，由於平常日夜不停地，為丈夫的工作做繕寫打字，以致身體超過負荷過分勞累，影響胎兒本身的健康，多次險遭流產，但都能及時急救，而化險為夷。

正在盛夏的一個晚上，住在西屯的陳先生的母親，突然間，心緒焦慮，感覺到有個不祥的徵兆，於是點香膜拜家裡所供奉的佛尊。當她凝視著香爐的時候，突然爐中的香火灰冒煙，燃起一絲絲的火焰，當時香爐上面還沒有插香，早晨所禮拜過的香火早已熄滅，而爐中的香灰都是涼涼的，從早上到此刻的時間至少也有十小時以上，香爐裡面並無任何藉以引燃之媒介物。這位母親在剎那之間，浮現媳婦呻吟的映象，心中有一種很大的壓迫感，在極度不安的情緒下，立刻打電話問個究竟，事實上，正是陳先生準備要把太太送去醫院，打安胎針的時候。

這件事情似乎巧合，可是時間、空間卻會那麼吻合，也是值得研究的，其中必有不可思議的道理。據說，陳先生的母親，平日在膜拜的時候，常常看見火爐冒火焰的現象；而更奇怪的是，每當發生這種奇異現象的時候，接著就反映出人、事、物的動象，而每次都有百分之百的應驗。

陳先生的母親並非具有什麼先天或後天的能力，她更不懂什麼是靈力或超能力，不過她是一位仁慈而虔誠的佛教徒，寺廟有什麼宗教性的布施活動，她都率先參加，這種信仰的心念之堅強，也可能使她與靈界有了溝通，產生各種的預感或感應能力。

陳家香爐發生涼灰自動燃起火焰的事情，倘若是偶然或巧合，不應該屢次地巧合下去。為了想進一步地解開這個謎，我曾經訪問過西屯的陳家，也仔細看過香爐及佛壇，並無任何異樣之處，但感覺到有一股祥和又尊嚴的氣流，環繞在屋內。

這一種現象，也可以說是遠隔感應中的「心電騷動」。按陳先生的母親那種虔誠及熱心於協助佛寺業務，尤其全家的向佛之心，都是這種感應的主要因素。誠者可溝通在各次元間往來的善靈，當她默念祈求的時候，當可獲得通告。

藉這個事實，我再提一個理論，以供讀者參考。感應能力，主要是以「心波」做傳達意志，而接受者也應有具備感應能力的人，較為容易發生效果。若接受者沒有感應能力，發送者必須要加強發送感應能力，始可讓對方收到。不加修練而先天就具有強烈的感應能力，當可勿論；若先天感應力微弱，經由後天訓練，亦可獲得相當的成就。

父母疼愛子女、子女孝順父母的情形，不論感應能力的強弱，常常是自然可溝通的，這是基於天性的道理。至於香爐冒火焰的理論，我們暫且不談其他物理性的理論，按照心理的理論言，膜拜者的「誠」，在急迫而無雜念的心情下，藉能代天線之香火，通達諸善靈，而形成就地給予回答的訊號。我發現陳先生的母親膜拜的時候，兩眼正視而呼吸配合，適度形成一股焦點直流，也是不可忽視的原因之一。

接力親情感應

「中華民國超心理學會」理事趙基先生和他的夫人，都是長期齋行的虔誠佛教徒。在若干年前，他們住在公家所配的宿舍裡，有一天小兒子一時糊塗，竟未留隻字離家出走。夫婦倆日夜盼望兒子早日回家，尤其趙太太愛子心切，每天寢食難安。

趙先生安慰夫人，並請她早晚課時加誦《金剛經》，誠心禱告祈求感應，果然小兒子在第十六天回家來了。經過趙先生問他離家後的情形才明白，小兒子由於未能升學，不願在家吃閒飯，一時衝動，與朋友出去找職業、打零工。

有一天晚上九點左右，他在彰化經過大街上一所寺廟前面，感到有一股很大的力量在推他，又像是在拉他，似乎要他往廟裡去。不由自主的，他看見有一位老人坐在那裡向他招手，於是他就毫無顧忌地走進去，這位從不相識的老人開口問他：「你是不是獨自跑出來的？你的父母正在日夜擔心，盼望你回家，你為什麼不回家？」另外還說了許多與事實相符而且令他感動的話。當時這老人送他一本線裝《金剛經》，他聽了這位老人的話之後，就很後悔地跑回家了。

趙家夫婦聽了這一段話之後，翌日到彰化那廟裡去拜訪那位老人，準備向他致謝，可是撲了個空，什麼也沒找到。向四周的人打聽，誰都不知道有這位老人。

這是一件不可思議的真人真事。按一般的感應分析判斷，主要的原因仍在趙先生夫婦。第一，他們是虔誠的佛教徒；第二，是膜拜、功課都真誠無欺，且平時樂於助人行善。我在前面說過，「感應」必須要有呼應的人，才能顯著其功效，也就是要有收「信」的人，這收信人，也應該是有心靈感應的人才行。

當趙先生發出無形的念波的時候，在透過第四次元時，他的兒子可能並無任何感應力，無法接到他的「念波信息」。當這個念波發出去的時刻，在周圍或虛空中，若有他人或一個感應力較強的人，勢必先傳達到這一個人，而這一個人，就受到冥冥之中的靈波所作的傳達信息；換句話說，趙先生的念波，被這個老年人搶先接走。這位老人的感應能力，必定強過趙先生不知多少倍。由他老人家再發出非凡的感應，傳至趙家小兒子身上，產生了這一段感人的故事。

另一解釋，是這一位老年人必懷有「靈氣體」的靈力，以出竅方式尋找趙家小兒子。不過在這一段故事裡，要向各位讀者補敘的是：一個人發出的念波，不管是強是弱，只要中間混有一個心靈感應較強的人，就被這個人先接走你的思想。因此倘遇到善人，即「接力」而自動為你幫忙，將意願傳至目標的人；若是遇到不想管閒事的人，就無法傳應了。不過像趙先生這樣易於排除雜念而一心向佛的人，是非常容易與善靈或佛界之靈溝通的。

名作家三毛小姐之心靈感應能力

在我們生活的周圍中，有許多飾品都帶有不同狀況的磁氣，也有人以「靈氣」來描述，這種「氣」都隨著原始的持有人之個性及經歷。尤其是紀念品、古董或先人用過的東西，都帶著當時氣氛、境遇的影子。

記得許多年前，在和平東路的某一地方，和一群愛好研究超自然科學的朋友們聚會，暢談一些自然界的磁場與能力場的事。這個聚會是由「中華民國超心理學會」的前任總幹事阮亦青先生召集的，因為我難得到台北，那個時候是我剛好因公到台北，晚間是空閒，大家想聽聽我的研究心得。在場包括了電影電視的製作、導演、記者、在台的美國機構人員以及影星胡茵夢小姐等等，都是具有知名度的人士。很巧合地，密宗黑教大師林雲先生，正好在對面的師範大學綜合大樓演講。我正在講得入神的時候，突然間，從我的背後衝進來一些青年男女。當然我沒有時間去問他們是誰？我繼續講我的心得。

瞬間，從這些跑進來的青年男女中，有一股氣，強烈的感應的波，如漩渦一直繞圈過來。我一面講我的心得，一面在找持有這種強烈靈氣的人。在這個時候，我的心得報告提到，每一種東西都有它的靈氣、磁場的時候，每一個人紛紛都將自己的飾品或攜帶的東西，放在我的面前，要我鑑定它的典故或吉凶。

在這個時候，有一位穿著小背心，是件乳白色的、很像是中東一帶的衣裳，如同天方夜譚裡的女性，記得穿著一雙小短筒的布馬靴。這位氣質不凡的小姐，她不作聲地，在我面前放一條項鍊。當時由於這條項鍊的靈氣太重了，我手一摸，立刻感覺出來這個項鍊的來歷不同凡響，隱藏了悲和愛，並且瞬間感受到製作這條項鍊的過程。我不加思索地對這位小姐說，這條項鍊如果本身沒有

「緣」或「靈氣」的人不要帶。沒想到這位就是名作家三毛小姐，經過胡茵夢小姐介紹後才知道的。早知道她是作家，我也不會那麼衝動地說不可以帶，事後有一點不好意思。

這條項鍊是有靈氣，而物主三毛小姐本身有天生高層次的心電感應能力，所以相輔相成，對她的寫作靈感方面，有相當的幫助。在國內作家中，在創作、寫作方面的手筆，瀟灑、俐落極受歡迎。三毛小姐在民國七十六年二月號三九六期（第六十六卷第六期）之《皇冠》上，曾經這樣敘述：

在我出國的時候，母親給過我一條細細的金鍊子，下面掛了一個小小的「福字」，算做保護和祝福女兒的紀念品。

我個人喜歡比較粗獷的飾物，對於那條細鍊子，只是因為情感的因素，將它當心地包紮起來，平日是不掛的。所以它成了母愛的代名詞，不算我自己所要的項鍊。

照片中這一串經常被我所掛的首飾，是結婚當天，由一位沙漠婦人送到家裡來賣給我的。這個故事曾經刊在《俏》雜誌上，在此不再重複。想再說一遍的是，首飾送來時，只有中間那一塊銀子，其他的部分，是先生用腳踏車的零件為我裝飾的，至於那兩顆玻璃珠子，是沙漠小店中去配來的。我將這條項鍊當成了生命的一部分，尤其在先生過世之後，幾乎每天掛著它。

這個故事因而有了續篇。

在一個深夜裡，大約十一點鐘吧，胡茵夢跑來找我，說有一個通靈的石朝霖教授，正在一位朋友的家中談些超心理的話語，叫我一起去。因為石教授住在台中，來一次台北並不簡單，要見到他很難。

當茵茵和我趕去那位朋友家時，那個客廳已經擠滿了大批的人群，我們只有擠在一角，就在地板上坐了下來。當然，在那種場合，根本談不上介紹了，因為人太多。

石教授所講的是怪力亂神的話語，他在講「宇宙和磁場」。

等到石教授講完了話之後，在座的朋友紛紛將自己身上佩戴的古玉或新玉傳了上去，請石教授看看，那件東西掛了對身心有什麼作用，因為涉及到磁場問題。

有些人的配件遞上去，石教授摸了一摸，很平淡的講：「很純淨，可以掛。」

有些陪葬的古玉被教授摸過，他也輕描淡寫的說：「不要再掛了。」並不是很誇張的語氣。

當時，我坐在很遠的地板上，我解下了身上這條項鍊，請人傳上去給石教授。

當他拿到這塊銀牌子時，沒有立即說話，又將反面也看了一下，說：「很古老的東西了。」我想，不過兩百年吧，不算老。比起家中那個公元前十四世紀的腓尼基人寶瓶，它實在算不上老。

我等著石教授再說什麼，他拿著那條項鍊的神色，突然有著一種極微妙的變化，好似有一絲悲憫由他心中掠過，而我，很直接地看進了他那善良的心去，這只是一剎那的事情而已。

大家都在等石教授講話，他說：「這條項鍊不好說。」我講：「石教授，請你明講，沒有關係的。」

他沉吟了一會兒，才對我講：「妳是個天生通靈的人，就像個強力天線一樣，身體情形太單薄，還是不要弄那些事情了。」

當時，石教授絕對不認識我的，在場數十個人，他就挑出我來講。我拼命點頭，說絕對不會刻意去通靈。這才講了項鍊。

石教授說：「這串項鍊裡面，鎖進了太多的眼淚，裡面凝聚著一個愛情故事，對不對？」

我重重一點頭，就將身子趴到膝蓋上去。

散會的時候，石教授問茵茵：「妳的朋友是誰？」茵茵說：「是三毛呀！那個寫故事的人嘛！」

石教授表明他以前沒有聽過我。

那條被他說中了的項鍊，被我擱下了兩、三年，在倒吞眼淚的那幾年裡，就沒有再去看它。

第四部　自我訓練法

13 透視與念力訓練

＊撲克牌透視力之訓練

覺察隔牆動靜之訓練，可以使用專門之訓練工具——ESP卡片。如果手邊沒有這種卡片，可在文具店買一付撲克牌來。

首先，把五十二張好好洗牌一下，背面向上，整疊放在桌上，取最上面的一張，不要看牌的正面。然後做普通的自然呼吸六秒後，猜猜牌的花色是黑桃、梅花、紅心、方塊等四種當中的哪一種，但不猜數字，只猜花色而已。認為是黑桃，就放在面對桌子的左手邊，這個時間不可看正面；第二張，若是梅花，就放在剛才的那一張黑桃的旁邊。如此分為四種不同的花色放置，相同的則疊在一起。

把五十二張全部分類、放完了以後，數一數猜對了多少？在黑桃的那一疊上，你放了多少張黑桃？可能只有四張；另外在梅花的那一疊，可能只猜對了三張；方塊的一疊，也可能只放對了一張；紅心的這一疊則只有兩張。合計十張，這種成績是不及格的，最低標準平均每一回合要猜對二十張以上才算及格。這種自我訓練，至少要在一百回合中猜對二十張以上的有六十次以上，才算真正及格，而不是或然率。

可是，你今天已有如此成績，你的透視力就進步了嗎？答案是否定的。天下之事，沒有不勞而獲的，超能力更是困難多了。從前有好多喜歡研究而想獲得超能力的青年朋友，都半途放棄了，只因為沒有耐心。所以到今天為止，想跟我學習開發超能力的人，不知有多少個人，可是我一個都沒有接受去訓練他們，因為耐心是很重要的。

訓練的方式很簡單，只是反覆地做；而學習的人，持之以恆為最重要。而當你擁有了它的時候，那實在是受用無窮。因此，我們要不斷地投資時間，去練習幾百回合才可以。

＊「恰可拉」部位之訓練

透視力有關的部位是肚臍下五公分的地方，叫做「斯伐地修達那・恰可拉」，加強了這個部位，心電感應方面會有進展。可是雖然增加了這個部分的恰可拉，仍然無法去應用及操縱它，它只不過是個擺在那裡的一顆寶石而已。

要想自由地照自己的意思去操縱透視力的能力，就先要增強胸腔至肚臍的中間部位，稱為「瑪尼普拉・恰可拉」。這個位置一旦增強，不只是透視力的能力，在個性、人格方面，也有正面的昇華作用。像平常處事衝動、情緒不穩定的人，也會變的穩定，思考也很精細，不馬虎，而心情也慢慢變的很溫和。

現在，我把訓練的程序說明如下：

1 盤坐時，手放在膝蓋上面，拇指和食指做成圈形，其他三指自然伸直而手心向上。意識集中在會陰，收縮及鬆弛，重複做五分鐘。

2 下腹部緩慢地收縮、鬆弛，重複五分鐘。

3 由口部吸氣，經由喉部進入的能源，緩慢地運至肚臍位置，同時把尾體骨的先端部分，用冥想方式，想著一把紅色的火焰，往上升至肚臍的位

置與那能源合流。這些都是完全靠想像，火上升、合流然後混合。

4止息在肚臍的部分，把能和火焰混合（也是想像的）。這個階段的止息，不限時間，隨個人意志來決定（但千萬不可勉強）。

5吐氣，在這個時間內，需要從3到5的動作，重複做十分鐘。

6接著改盤坐為日本式的正坐，但兩膝稍開。

7閉眼，心移向鼻子準頭。

8半開眼睛，眼瞄鼻子準頭。隨著立刻又開眼。像這樣子重複做十分鐘。

9再重回原來的盤坐姿勢，並且繼續重做3到5，十分鐘至二十分鐘。

以上這種自我訓練法，大約四十分鐘左右。一天當中至少要做四十分鐘，如果你想延長時間做，就把那所要延長時間部分，只做3到5的方法就可以了。

像這樣每天做，快的人，數個月以後就可以有基本的能力了。練習時，不可勉強。該休息的時候，就要停練。

14 精神集中力訓練

胸腔下肚臍部分之「瑪尼普拉・恰可拉」在自我訓練過程中，不會有雜念，集中力也增加，呼吸也很輕鬆，身體上的感覺，也會舒暢。實際上，凝視法之自我訓練，是在加強透視能力之「恰可拉」部位之訓練，前面「斯伐地修達那・恰可拉」之訓練後，再練這個凝視法，可以把透視力或預知能力，帶到更高層次。

*凝視法

凝視的方法中，要凝視的標的物種類繁多，由於凝視的對象不同，你的超能力性質也隨著不同。一般所使用的是蠟燭、夕陽、月亮及星座等天體，或帶有四角形的護符圖形等等，另外也可以看帶有靈力模形圖騰，或金字塔模型，或畫。

凝視光亮的東西時，太刺眼便不適合。不會刺眼，而又能有效果的光亮的東西，就是蠟燭的光或夕陽。以下介紹一種蠟燭的凝視法。

首先，把房間的光線調整，稍微暗一點，點燃蠟燭的火，然後把這支蠟燭放在跟你的眼睛同樣的高度，離你的臉部五十至六十公分。

全身放鬆，尤其是上半身，必須鬆弛。要注意，一開始凝視就不能再動了，至少十五分鐘，都不可以動，完全靜止狀態。隱住身心後，要凝視蠟燭的火焰最明亮的部分，即蕊的上面光亮的那一部分。經過數分鐘，可能會掉眼淚，但盡量不要動搖身體，保持不動至少要十五分鐘，像這樣子每天練習。

如此經過一段時日，會在某一天，在自己的頭上，好像有一把火在燃燒的感覺。那是因為你自己已變成那一支蠟燭了。為什麼會有這種現象呢？那是眼睛的「瑪尼普拉．恰可拉」和能源磁氣成為一體，造成一個路徑的關係。

這個訓練「凝視法」，在瑜珈方面很受重視，可以治療眼疾、近視。

在這一方面的自我訓練，往往會在關鍵的地方失敗，而無法集中精神。原因是在當事人，想要「集中」、「我要集中」之自我意識地要求而產生焦急，導引出「不能不集中」的意識，來意識著自己，反而使得自己不能集中。這是你本身始終無法變成那凝視的對象物，仍然自覺「我」的存在之故。所以，一切要自然為最重要。

*眉心精神統一法

*1*盤坐或坐在椅子上，不盤坐也可以。

*2*摒除雜念，做深呼吸。

*3*把雙眼合起來，舉起左手或右手的中指，伸直，指向自己的眉心，畫圓圈。徐徐地接近眉心。

*4*把伸直的指頭，輕輕地點叩眉心五次，這個時候，整個精神都會集中在眉心。

*5*以後就不要再使用指頭來點眉心，而只要指頭指著眉心，就會集中精神。

*1*至*4*的動作完了以後，要做一些輕鬆的擺手，前後來回算一次，共做二十次後，一定要喝兩小口的水（冷熱不拘），休息一下。

每天大約做十五分鐘以內，不可超過十五分鐘，這樣連續做三週左右。

＊筆桿精神統一法

這種訓練需要一張椅子、桌子，及沒有削過的鉛筆三支。由於是高難度且頗為複雜，所以精神的集中是相當重要的。

1 正坐在桌子旁邊，以呼吸法集中精神，然後把鉛筆一支支地直立並排在桌上。

2 三支鉛筆立起來以後，用半閉眼注視三支鉛筆，或者根本就不要看這三支鉛筆，再做一次呼吸法。

3 這一次一定要用眼睛注視這三支筆。在注視的時候，慢慢地將兩手平放在桌上。

注意！不要讓鉛筆倒下來。若倒下來，就得從頭再做起。一個訓練時間是十五分鐘，若你做到了七分鐘時，鉛筆倒了下來時，就得再重頭開始，十五分鐘內絕不可倒。

＊鎮靜呼吸法

在繁忙緊張的工業社會裡，每一個人的情緒，很容易激動而不穩定，坐立不安，悶悶不樂，急躁起來甚至想要罵人，或故意惹事來發洩。這種情形，不僅是對於想開發超能力的人絕對是個阻礙，同時對於上班族、經商、家庭主婦等，都有極大的負面作用。在這個時候，及時請你做下列的鎮靜呼吸方法。

1坐在稍低一些的椅子（男生事先解開領帶，上衣第一個扣子也鬆開；女生也同樣，要把帶有緊身的配件，稍為鬆弛）。

2從鼻子，呼一大口氣，用鼻子吸氣；在吸氣的半途，口的部分也隨著配合而大口吸氣。這個時間，很自然地頭部向後仰。

3暫時止息。不限時間，忍到不能忍為止（但不勉強）。然後，嘴唇做突出、尖形而吹氣，吹至遠處，像這樣子吐氣，上半身則配合著呼吸向前傾。

然後，從1到3反覆做同樣的動作，一直做到你認為確實已經穩定為止。

一般大約最長的時間是十五分鐘至二十分鐘，一定會鎮定下來。

＊階段訓練法

這是另一個訓練方式。在基本訓練上，要先練習呼吸法或凝視法，每天十五分鐘。這樣經過了二週或三週後，才練習眉心法。但如何判斷，你是否把它練好了呢？如果你的後腦覺得很輕，眼睛感覺視力不會疲勞的時候，就表示你的呼吸法或凝視法，已經成功了，這樣子你就可以練習眉心法。

開始訓練眉心法之前，要先把呼吸法複習十五分鐘後，再開始練習眉心法，也要二週至三週。

眉心法的效果是在你的眉間，當你深呼吸，手指不指眉心也會有一點瘦瘦的感覺的時候，就算你是把眉心法也練好了。

第三階段是筆桿精神統一法，但要進入筆桿精神統一法之前，要把呼吸法或凝視法及眉心法，各複習做十五分鐘後，才能進入筆桿精神的訓練法。

這樣每天做，同樣地經過了二週或三週後，再把凝視法或呼吸法、眉心法、筆桿法等，每一項各十五分鐘共四十五分鐘，每天訓練，三個月至半年，就會有超能力者的素質。在訓練上，恆心是重要的，信心更是不可缺。

但千萬不要勉強，感冒或疲倦的時候，絕對不可以做。要做的時候，盡量要找屋子中的東或東南的位置來練習，南的位置也可以。練習的時候，最好多請專家指導較好。

15 注意事項

1 訓練前要先排便、排尿，使腸和膀胱沒有什麼負擔。
2 胃也保持空胃的狀態，要飯後三至四小時才做。
3 禁止日光浴後訓練。
4 要選擇空氣流動、安靜的地方，也要避開強風或冷的地方。
5 自我訓練的時間是凌晨四點以後至八點之間的任何一個時間。因為午前的空氣是生氣，午後的空氣是死氣，所以必須在午前進行訓練較妥當。
6 要做訓練之前，如果允許的話，先淋浴（水冷熱不拘）更能增加效果。
7 不可在床上進行自我訓練。
8 衣服要輕鬆，不可緊身，皮膚的觸感柔和。當然可以在脖子上掛金字塔項鍊，輔助訓練上的情緒效果。
9 在訓練進行中，呼吸以鼻子為主。
10 訓練中，不可急促，要慢慢進行。在訓練中，有什麼地方癢或舒暢感的時候，不要中途停止而去摸，盡量以感覺去接受它。這樣也可以養成集中力和忍耐力。

11 訓練中，體內有部分痛苦的時候，可以停止訓練。請教指導訓練的人。

12 腸有瓦斯氣的時候，不可以自我訓練，也不可以做倒立。

13 訓練完後，要做自然的姿勢，或擺擺手等，輕柔地活動一下筋骨。

14 不要刻意去改變食物，但絕對禁止暴飲暴食。

寫在後面

各種超能力的演示，並非代表人類的神通萬能，它只是實驗，研究、證明人類的潛能而已。

心電感應、念力、透視力等許多能力，並非是超能力的全部。那些只是證明，人類確實隱藏著這種超能力。說來人類所擁有的超能，豈是只有這些念力、心電感應等狹小的範圍而已？它有更廣、更多、更深奧，甚至無限到與大自然同一體。

中國人與西方人不同的地方是，中國人對於一件事物的好奇，只一味地求自己也試一試、玩一玩；西方人他們也是同樣的好奇去觀察事物，但他們有個優點，就是好奇之後，他們會去求解答，找出原因，找出為什麼？並以科學的態度去研究它，然後怎樣去應用於現實的生活中。我個人認為，開發超能力，應該把它應用在個人的創業、事業、教育及社會等等。

蘇俄把超能力的開發，當成國防的一環，每年投資龐大的經費，近於數億之多而加強研究。印尼政府對於潛能之開發，也提供了相當經費資助發展研究工作。有些西歐的國家運用在心理治療，甚至訓練情治人員如何發揮潛能，去執行任務、破案等等。美國國防部及史丹佛大學研究所，光是在遠隔感應的實驗上，至少花費了一萬美元以上；另外美國陸軍飛彈開發研究部門，在「奇爾里安照片」這種特殊技術的研究上，也花費三萬美金。

我們也應該站在科學的立場，去研究而多予鼓勵實驗。因此，希望國內學術界，包括心理學系及其他物理學系，打開胸襟，接受它，去當一回事，共同研究，不要老是讓先進國家搶先，而我們只是追趕的角色，我們應要積極研究才行。

在這裡，我個人感到十分遺憾的是，中國人常喜歡用抽象的名詞把超常現象神祕化，以此來抬高個人的價值。目前這一類的書籍很多，有的是翻譯外來的，有的是主觀胡扯的。一些故弄玄虛的解釋這一類的報導，造成了誤導。

轟動一時而創票房最高紀錄的《大法師》電影，是根據神父為女孩驅鬼的事實所改編的。不過，每逢這種真實的超常現象在台灣公開一次，隨後就有好多裝神弄鬼作怪的江湖痞棍，來趁機冒混地想撈一票。當然，外國也不例外，以色列的超能力者尤里凱拉出現後，連日本都出現好多冒牌的尤里凱拉，叫囂於公共場所。

當今中國大陸也在進行超常（Super Nature）能力的研究之際，我們自由國家更應該在自律當中，排除玄虛的迷信，而以科學的精神探討真相，進而應用於國家的安全、社會的福祉，才是我們現代國民的研究態度與方向。

國家圖書館出版品預行編目 (CIP) 資料

開發超能力 / 石朝霖著 . -- 初版 . -- 臺北市：商周出版：
家庭傳媒城邦分公司發行 , 2018.06
面；公分
ISBN 978-986-477-468-5（平裝）

1. 超心理學 2. 心靈學

197.5　　107007671

開發超能力：心靈，也是一種科學。讓超心理學家帶你找回潛能

作者／石朝霖
責任編輯／徐藍萍

版權／翁靜如、吳亭儀
行銷業務／王瑜、闕睿甫
總編輯／徐藍萍
總經理／彭之琬
發行人／何飛鵬
法律顧問／元禾法律事務所 王子文律師
出版／商周出版
台北市 104 民生東路二段 141 號 9 樓　電話：(02) 25007008　傳真：(02)25007759
E-mail：bwp.service@cite.com.tw　Blog：http://bwp25007008.pixnet.net/blog
發行／英屬蓋曼群島商家庭傳媒股份有限公司城邦分公司
台北市中山區民生東路二段 141 號 2 樓
書虫客服服務專線：02-25007718　02-25007719
24 小時傳真服務：02-25001990　02-25001991
服務時間：週一至週五 9:30-12:00　13:30-17:00
劃撥帳號：19863813　戶名：書虫股份有限公司
讀者服務信箱 E-mail：service@readingclub.com.tw
香港發行所／城邦（香港）出版集團有限公司　香港灣仔駱克道 193 號東超商業中心 1 樓
E-mail: hkcite@biznetvigator.com　電話：(852)25086231　傳真：(852)25789337
馬新發行所／城邦（馬新）出版集團 Cite (M) Sdn Bhd
41, Jalan Radin Anum, Bandar Baru Sri Petaling, 57000 Kuala Lumpur, Malaysia.
Tel: (603) 90578822　Fax: (603) 90576622　Email: cite@cite.com.my

封面設計／李東記
印刷／卡樂彩色製版印刷有限公司
總經銷／聯合發行股份有限公司
新北市 231 新店區寶橋路 235 巷 6 弄 6 號 2 樓
電話：(02) 2917-8022　傳真：(02) 2911-0053

■2018 年 6 月 5 日初版
定價 300 元

城邦讀書花園
www.cite.com.tw

Printed in Taiwan

　ISBN 978-986-477-468-5